Cristo nuestra justicia

Reservados Todos los Derechos 2016
ISBN 978-1512221596

Traducción

En la traducción de este libro se hizo un esfuerzo fuerte para reproducir el sentido que el autor quería comunicar en una forma contemporánea, más de noventa años después de la publicación original. La mayoría de las citas son de Elena G. White, algunas de las cuales ya se habían traducido en otros libros. Estos se identifican con comillas. Otras citas se obtuvieron de artículos en revistas que no se habían traducido cuando el libro original se publicó. Estos se tradujeron del original para este libro y se identifican con paréntesis cuadrados.

Texto bíblico tomado de la Santa Biblia
Nueva Versión Internacional
©1999 por la Sociedad Bíblica Internacional.

La poesía en la primera parte del libro original es muy linda y la traducción se hizo perdiendo el metro y la rima del Español. Le agradezco a Patrick Talbot por su esfuerzo y éxito en la traducción. Es extremadamente difícil traducir una poesía y aunque ya no es una verdadera poesía, no pierde el bello mensaje. También quiero expresar mi gratitud a Fred Emanuel, Saúl Rivera, José Castro, Sol Castro, Cindy Harris, y a Minerva Quiles por su ayuda y sugestiones con la traducción del libro.

Este libro no sería posible sin la invaluable ayuda editorial de Orlando A. Mastrapa y Selma Chaij Mastrapa.

Gerald E. Greene publicó este libro en inglés como fue escrito originalmente, y me pidió que le tradujera el libro al español. Después tomó los manuscritos traducidos y como editor, los transformó en forma de libro. Le agradezco muchísimo la oportunidad de participar en el proyecto con él.

Mi esperanza es que este libro sea una bendición para cada lector como fue para mí al trabajar en este proyecto. No hay un concepto mas fundamental para el cristiano como Cristo nuestra justicia.

Donald P. Sickler

Cristo nuestra justicia

Un estudio de los principios de la justicia por la
fe como está presentado en la palabra
de Dios y en los escritos del
espíritu de profecía

Jesús va de puerta a puerta, parando en frente de cada puerta proclamando: "Mira que estoy a la puerta y llamo". Apocalipsis 3.20 (NVI) como un comerciante celestial, él abre sus tesoros, y pide: "de mí compres oro refinado por el fuego, para que te hagas rico; ropas blancas para que te vistas y cubras tu vergonzosa desnudez"... Apocalipsis 3.18 (NVI). "Abre la puerta", dice el gran comerciante, que posee riquezas espirituales, y haz negocios conmigo. Yo soy tu redentor, que te concede que compres de mí. —Sra. E. G. White

CONTENIDO

                                                            Página

      Prefacio 8

      Él te espera 10

Parte I La enunciación en las escrituras

    1. Cristo nuestra justicia 15

Parte II El testigo del espíritu de profecía

    2. Un mensaje de suprema importancia 27

    3. Mensajes preparatorios 30

    4. El mensaje presentado en el Congreso de Mineápolis 39

    5. El mensaje de 1888 marca una era nueva en la proclamación del tercer ángel 48

    6. El mensaje del tercer ángel en verdad 54

Parte III Un estudio del alcance del tema

    7. Una verdad fundamental y comprensiva 61

    8. El peligro mortal del formalismo 63

    9. La gran verdad perdida de vista 72

    10. La provisión de una restauración completa ... 77

    11. Entrando en la experiencia 83

Apéndice 91

      Índice de Versículos Bíblicos 113

      Índice temático 115

Prefacio

El 22 de octubre de 1924 los miembros del Comité Consultivo de la Asociación Ministerial, en la ciudad de Des Moines, Iowa, votaron solicitar al pastor Daniells una compilación de los escritos de la señora E. G. White sobre el tema de la justificación por la fe.

Este pedido oficial expresó el interés y anhelo que, por mucho tiempo, y varias veces, muchos de los obreros habían expresado en público. Uniones enteras habían hecho tal pedido. Con la cooperación de mis asociados en la oficina de la asociación ministerial, di entonces, comienzo a la tarea.

En armonía con el propósito primario de proveer una compilación de las escrituras de la señora E. G. White sobre el tema, hicimos una investigación exhaustiva sobre todas las escrituras del Espíritu de Profecía. Incluimos los libros encuadernados junto con artículos en las revistas de la denominación, cubriendo un período de 25 años desde 1887 - 1912. El área de estudio que se abrió fue inmenso. ¡Las joyas escondidas de verdad que vinieron a luz eran tan maravillosas e iluminantes! Me sorprendí y me atemoricé de la solemne obligación conferida a mí, de rescatar estas joyas de su oscuridad y agruparlas para que obtuviesen legítimo reconocimiento y aceptación al finalizar la obra gloriosa encomendada a la iglesia remanente.

Buscando el consejo de mis colegas, les envié de antemano las secciones del manuscrito para dar un repaso cuidadoso y obtener sus sugerencias. Las respuestas de mis colaboradores en todos los campos de Norteamérica han sido muy animadoras y de naturaleza muy apreciativa. Ellos enfatizaron la urgencia en completar la tarea. Una sugerencia hecha por varios colegas resultó en la preparación de un capítulo sobre el tema de justicia por la fe obtenido desde punto de vista de la Biblia como una introducción para la compilación de las escrituras del espíritu de profecía. Creemos que esto le dará autoridad bíblica y permanencia al tema que es de importancia tan vital para el pueblo de Dios en este tiempo.

La palabra de Dios claramente traza el camino de justicia por la fe, y las escrituras del espíritu de profecía amplifican y clarifican el tema. En nuestra ceguera y dureza de corazón nos hemos desviado muy lejos del camino y por muchos años hemos fracasado en apropiar esta verdad sublime.

Durante todo el tiempo nuestro gran Líder está llamando a su pueblo para que se una en este gran fundamento del Evangelio, recibiendo por fe la justicia de Cristo imputada por nuestros pecados pasados, y la justicia de Cristo impartida para la revelación de la naturaleza divina en carne humana.

Con tal de hacer esta recopilación de valor máximo, nos pareció necesario hacer más que meramente juntar una serie larga de afirmaciones diversas y despegadas. Era importante hacer arreglos apropiados y combinaciones en el orden cronológico. Las circunstancias en que se hicieron las afirmaciones particulares deben ser entendidas correctamente. Si estas consideraciones no se reconocen, la compilación podría resultar confusa y agobiante.

El estudio conectado y cuidadoso de los escritos del espíritu de profecía, en cuanto al tema de justicia por fe, resulta en una convicción en dos aspectos: Primeramente, el gran hecho asombroso que, por fe en el hijo de Dios, los pecadores pueden recibir la justicia de Dios. Segundo, el propósito y la providencia de Dios en entregar este mensaje específico a su pueblo congregado para el Congreso en la ciudad de Minneápolis, Minnesota, en el año 1888. Este último aspecto no se puede ignorar por parte de Adventistas del Séptimo Día sin sobrepasar una lección de máxima importancia que el Señor designó enseñarnos. Esta es la convicción que ha hecho necesario incluir en la compilación la instrucción dada en cuanto a las experiencias y desarrollo conectados con el Congreso en Mineápolis.

Nuestra membresía hoy ha sido aumentada después que estas experiencias ocurrieron. Los miembros no están familiarizados con estas experiencias, pero leen los mensajes y las lecciones que estas enseñaron. Por lo tanto, existe la necesidad de reproducirlas, aunque sea una porción, y acompañarla con una explicación breve de lo que sucedió.

Aquellos que tienen confianza completa en el don del espíritu de profecía dado a la iglesia remanente, van a valorar la compilación aquí ofrecida. Sólo algunas de las afirmaciones se han reproducido desde que aparecieron primeramente en las columnas de la revista Review and Herald. La mayoría de ellas desaparecieron con el número corriente de la Review en que aparecieron. En ningún otro documento han sido compiladas en una forma sistemática y cronológica como aquí están presentadas. Que éstos mensajes hagan su trabajo destinado en las vidas de todos los que lean estas páginas. Maravillosas son las bendiciones que el cielo está esperando brindar.

AGD

Él te espera

(Esta poesía apareció en la revista *"Review and Herald"* de julio 31 de 1888, el año cuando el mensaje de la "justificación por la fe" descendió tan clara y decididamente sobre el pueblo de Dios. Evidentemente el espíritu de tan solemne mensaje inspiró también esta poesía).

¡He aquí, estoy a la puerta y llamo!
¿Escuchas tú, corazón, su dulce voz?
¿No quieres tú abrir la puerta,
para que entren sus santos pies?
¿Qué? Estás cansado y enfermo de dolor,
y no te levantas para recibir a Jesús?

Pero, corazón, Él es el Gran Médico.
Él es muy cortés, y no te humillará.
¡Él ha sido atraído por Su gran compasión!
Levántate un instante, débil y pobre corazón.
¿Dejarte morir? ¡Oh no! ¿No tienes esperanza
Cuando el Médico está a tu puerta?

Escucha, corazón. ¿Oyes cómo llora?
Su alma se aflige por ti.
Ha cruzado anchos y profundos ríos,
y causa dolor mirar los peligros que sufrió.
¡Oh corazón! ¡Sus manos y su frente
están heridas y ensangrentadas!

¿Qué? ¿No le crees, corazón?
¿Dices que nadie ha cuidado de ti?
¡Oh! Susurra más bajo, pues ningún dardo
podría perforar aún más su alma tierna.
¡Oh! ¿Podría yo decirte la angustia inefable
que sintió cuando naciste?

Déjale entrar, corazón, te ruego.
Él te cubrirá con su vestido blanco;
Él te liberará de la prisión sombría,
y te hará brillar en sus atrios.
Con el Amado, irás al jardín de las especias,
donde crecen todos los lirios.

Mi corazón a la cerradura se desliza;
¡Mi mano abre la puerta!
Miro los ojos del que ha llorado,
Y beso las manos que me han llamado.
Lloro a sus pies, y mi alma se ablanda,
y me aferro a Él con la fe de un niño.

¡Oh, con qué dulzura mi corazón lo ama!
Mi enfermedad, curada; mi túnica, blanca.
¡Estoy completo en Cristo!
Mi prisión está llena de su luz santa,
descanso en la mesada; saboreo de su vino,
y me gozo en el amor de mi Señor divino.

¿Cómo podría dejarte afuera tanto tiempo?
Lloro pensando en su amor tan tierno;
pero Él perdona mi maldad sombría,
y me otorga su propia naturaleza,
sellando así su amor profundo.-

"VESTIDOS CON LA ARMADURA DE LA JUSTICIA DE CRISTO. LA IGLESIA TIENE QUE ENTRAR EN EL CONFLICTO FINAL"

E. G. White

"EN EL DÍA DE LA CORONACIÓN DE CRISTO, ÉL NO RECONOCERÁ COMO SUYO AL QUE TENGA MANCHA O ARRUGA O CUALQUIER COSA SIMILAR, PERO A SUS FIELES LES DARÁ CORONAS DE GLORIA INMORTAL. AQUELLOS QUE PREFIEREN QUE ÉL NO REINE SOBRE ELLOS, LO VERÁN RODEADO POR UN EJÉRCITO DE LOS REDIMIDOS. CADA UNO LLEVARÁ UN ESTANDARTE. CRISTO NUESTRA JUSTICIA"

E. G. White

Parte I

La enunciación en las Escrituras

**Justo es el Señor, y ama la justicia.
Salmo 11.7 (NVI).**

En él no hay injusticia. Salmo 92.15 (NVI).

**Vuelvan a su sano juicio y dejen de pecar.
1 Corintios 15.34 (NVI).**

Capítulo uno

Cristo nuestra justicia

CRISTO nuestra justicia es el mensaje sublime y principal presentado en las Sagradas Escrituras. No importa cuán variadas las formas y frases en que el mensaje se presente, desde cada punto de vista del círculo, el tema central es siempre, Cristo nuestra justicia.

La historia de la creación revela la maravillosa sabiduría y el poder de Cristo por quien todo fue creado. Colosenses 1.14-16. El pecado del primer Adán, con todas sus consecuencias horribles se relata para que Cristo, el último Adán, pueda ser alabado como el redentor y restaurador. Romanos 5.12-21. La muerte con todos sus terrores se presenta ante nosotros para que Cristo pueda ser exaltado y glorificado como el dador de vida. 1 Corintios 15.22. Los desengaños, tristezas y tragedias de esta vida se recuentan para que Cristo pueda ser hallado como el gran consolador y salvador. Juan 16.33. Nuestra naturaleza corrupta y pecaminosa se presenta en colores atemorizantes para que podamos apelar a Cristo para nuestra limpieza y para que en verdad Él sea para nosotros "el Señor nuestra justicia". Así es como las Sagradas Escrituras enteramente apuntan de alguna manera a Cristo como nuestra justicia con cada frase de verdad.

La justicia es un tema distintivo, de vital importancia, bien definido, que ocupa un lugar importante en la palabra de Dios. Su origen, naturaleza, posibilidad y las condiciones para obtenerla, siendo pecadores se presentan con gran claridad en ese texto.

Sobre el *origen* de la justicia leemos: "Tú, Señor, eres justo". Daniel 9.7 (NVI). "El Señor es justo; él es mi Roca, en todos sus caminos". Salmo 145.17 (NVI). "Tu justicia es como las altas montañas". Salmo 36.6 (NVI).

" Tu justicia es siempre justa". Salmo 119.142 (NVI). " Justo es el Señor, y ama la justicia". Salmo 11.7 (NVI). "El Señor es justo, y en él no hay injusticia". Salmo 92.15 (NVI).

En cuanto a la *naturaleza* de justicia, las escrituras son explícitas. Se presenta como el opuesto total del pecado, y asociada con santidad. "Vuelvan a su sano juicio, como conviene, y dejen de pecar". 1 Corintios 15.34 (NVI). "En cuanto a la vida que antes llevaban, se les enseñó que debían quitarse el ropaje de la vieja naturaleza, la cual está corrompida por los deseos engañosos; ser renovados en la actitud de su mente; y ponerse el ropaje de la nueva naturaleza, creada a imagen de Dios, en verdadera justicia y santidad". Efesios 4.22-24 (NVI). "Esmérate en seguir la justicia, la piedad, la fe, el amor, la constancia y la humildad". 1 Timoteo 6.11 (NVI). " Toda maldad es pecado". 1 Juan 5.17 (NVI).

Quizás la mejor y más inspiradora afirmación sobre la justicia en la palabra de Dios es lo siguiente acerca de Cristo: "Has amado la justicia y odiado la maldad; por eso Dios, tu Dios, te ha ungido con aceite de alegría, exaltándote por encima de tus compañeros". Hebreos 1.9 (NVI). Esto coloca la justicia como el antítesis o el opuesto directo de iniquidad o pecado.

Así que las escrituras declaran que Dios es el origen de la justicia; y es uno de sus santos y divinos atributos.

La pregunta suprema en cuanto a la justicia de Dios y de interés más profundo; con consecuencias para nosotros es nuestra *relación personal con esa justicia*. ¿Es la justicia de una medida u otra inherente en la naturaleza humana? Si la respuesta es sí, ¿cómo se puede cultivar y desarrollar? Si la respuesta es no, ¿cómo se puede obtener? Si se puede obtener, entonces en qué manera o cuándo?

Para la mente ignorante y oscura referente a la palabra de Dios, este es un problema grande y desconcertante. En el empeño de resolverlo, el hombre busca muchos inventos, pero la incertidumbre y confusión en cuanto a nuestra relación con la justicia de Dios es innecesaria; porque la situación verdadera está indicada claramente en las escrituras con veracidad.

Las escrituras declaran que "todos han pecado y están privados de la gloria de Dios", Romanos 3.23 (NVI); y que soy "meramente humano, y estoy vendido como esclavo al pecado". Romanos 7.14 (NVI); y "No hay un solo justo, ni siquiera uno", Romanos 3.10 (NVI); que "en mi naturaleza pecaminosa, nada bueno habita". Romanos 7.18 (NVI); y finalmente que "se han llenado de toda clase de maldad", Romanos 1.29 (NVI). Estos textos claramente dan la respuesta en cuanto a si la justicia es de una medida u otra inherente en la naturaleza humana. No lo es. Por lo contrario, la naturaleza humana está llena de injusticia.

Pero en esta misma Biblia encontramos las buenas y alegres noticias que Dios nos ha provisto una manera por la cual podemos ser limpiados de toda injusticia, y también ser vestidos y llenos de su justicia perfecta. Encontramos que esta provisión fue hecha y revelada a Adán tan pronto como él cayó de su alto y santo estado. Esta provisión misericordiosa se ha entendido y aceptado por hombres y mujeres caídos desde el mismo principio del conflicto feroz con el pecado. Aprendemos como esto

1. Cristo nuestra justicia

se hizo, en los siguientes testimonios en las Escrituras:

1. En uno de sus sermones, Cristo menciona al segundo hijo de Adán, y habla de él como "Abel el justo". Mateo 23.35. Pablo declaró que Abel: "recibió testimonio de ser justo". Hebreos 11.4 (NVI).

2. "El SEÑOR le dijo a Noé: «Entra en el arca con toda tu familia, porque tú eres el único hombre justo que he encontrado en esta generación»". Génesis 7.1 (NVI). Otra vez: Ésta es la historia de Noé. Noé era un hombre justo y honrado entre su gente. Siempre anduvo fielmente con Dios". Génesis 6.9 (NVI).

3. "Le creyó Abraham a Dios, y esto se le tomó en cuenta como justicia". Romanos 4.3 (NVI).

4. "Por otra parte, libró al justo Lot, que se hallaba abrumado por la vida desenfrenada de esos perversos, pues éste justo, que convivía con ellos y amaba el bien, día tras día sentía que se le despedazaba el alma por las obras inicuas que veía y oía". 2 Pedro 2.7, 8 (NVI).

5. De Zacarías y Elisabet, viviendo justamente antes del nacimiento de Cristo, la Biblia dice: "Ambos eran rectos e intachables delante de Dios; obedecían todos los mandamientos y preceptos del Señor". Lucas 1.6 (NVI).

6. El apóstol Pablo declara que los gentiles a quienes le había predicado el evangelio "cosechan la santidad que conduce a la vida eterna". Romanos 6.22 (NVI).

Así que desde la promesa hecha a Adán, hasta la conclusión de los tiempos apostólicos, siempre hubo hombres y mujeres que aceptaron la justicia de Dios y tenían la evidencia de que sus vidas eran agradables a Él.

¿Sobre qué condiciones?

¿Cómo se logró esto? ¿Con qué condiciones fue hecha esta transacción maravillosa? ¿Fue porque los tiempos y condiciones en que esos hombres y mujeres vivían eran favorables para la justicia? ¿O tal vez fue por las cualidades superiores y especiales inherentes en ellos que alcanzaron los altos planos de santidad?

Todos los anales de los tiempos y de individuos dan una respuesta negativa. Eran personas con naturaleza como nosotros, y su ambiente abrumó sus almas justas de día en día. 2 Pedro 2.7, 8. Ellos obtuvieron la bendición de inestimable valor, la justicia, en una manera única, que es posible para cualquier ser humano obtenerla desde que Adán pecó.

La manera de ser justificados tiene gran prominencia en el nuevo testamento. La exposición más completa y clara se encuentra en la epístola de Pablo a los Romanos.

Cristo nuestra justicia

Al principio de su argumento el apóstol declara: "A la verdad, no me avergüenzo del evangelio, pues es poder de Dios para la salvación de todos los que creen…De hecho, en el evangelio se revela la justicia que proviene de Dios, la cual es por fe de principio a fin, tal como está escrito: «El justo vivirá por la fe»". Romanos 1.16, 17 (NVI).

Es en los evangelios, que la justicia perfecta de Dios se revela a los hombres. Los evangelios también revelan la manera en que la justicia se puede obtener por hombres pecadores; por fe. Esto se presenta en mayor parte en la siguiente afirmación:

"Por tanto, nadie será justificado en presencia de Dios por hacer las obras que exige la ley, más bien, mediante la ley cobramos conciencia del pecado.

Pero ahora, sin la mediación de la ley, se ha manifestado la justicia de Dios, de la que dan testimonio la ley y los profetas.

Esta justicia de Dios llega, mediante la fe en Jesucristo, a todos los que creen. De hecho, no hay distinción". Romanos 3.20-22 (NVI).

En la primera parte de esta afirmación, el apóstol muestra la parte que la ley tiene en la justificación. "Mediante la ley cobramos conciencia del pecado". La *conciencia* del pecado; no la *salvación* del pecado. La ley señala al pecado. Así declara que todo el mundo es culpable delante de Dios en Romanos 3. Pero la ley no puede salvar del pecado. Ningún esfuerzo del pecador para obedecer la ley puede cancelar su culpabilidad o traerle la justicia de Dios.

Esta justicia, Pablo declara, es mediante la fe en Jesucristo…. "Dios lo ofreció como un sacrificio de expiación que se recibe por la fe en su sangre, para así demostrar su justicia. Anteriormente, en su paciencia, Dios había pasado por alto los pecados". Romanos 3.25 (NVI).

Es por la fe en la sangre de Cristo que todos los pecados del creyente son cancelados y la justicia de Dios se pone en su lugar en la cuenta del pecador. ¡Oh, que transacción más maravillosa! ¡Qué manifestación de amor y gracia divina! Aquí se ve un hombre nacido en pecado. Como Pablo dice, él está "lleno de toda injusticia". Su herencia de maldad es la peor imaginable. Su ambiente está en la profundidad más baja conocida a los malvados. De alguna manera el amor de Dios, brillando desde la cruz del calvario, alcanza al corazón de ese hombre. El se rinde, se arrepiente, se confiesa y por fe reclama a Cristo como su salvador. En ese instante él es aceptado como hijo de Dios. Sus pecados son perdonados, su culpa está cancelada, es considerado justo, y queda aprobado y justificado ante la ley divina. Este cambio milagroso y asombroso puede tomar lugar en una corta hora. Esta es la *justificación por la fe*.

Habiendo dicho estas fuertes y claras afirmaciones de la manera cómo alcanzar justificación, el apóstol ilustra esta verdad con un caso concreto. Utiliza la experiencia de Abraham como ejemplo.

1. Cristo nuestra justicia

"Entonces, ¿qué diremos en el caso de nuestro antepasado Abraham"? Romanos 4.1 (NVI).

Anticipando la respuesta, respondemos: Abraham había encontrado justicia. ¿Pero cómo y por cual método? Pablo nos dice:

"En realidad, si Abraham hubiera sido justificado por las obras, habría tenido de qué jactarse, pero no delante de Dios". Romanos 4.2 (NVI).

Hacerlo *por obras* es una sugerencia o una propuesta, como si tal cosa pudiera ser. ¿Es ésta la manera en que podemos recibir justicia?

"Pues ¿qué dicen las Escrituras? "Le creyó Abraham a Dios, y esto se le tomó en cuenta como justicia". Romanos 4.3 (NVI).

Esta afirmación resuelve para siempre la manera en que Abraham obtuvo la justicia de Dios. *No fue por obras,* fue *por fe.*

La manera de Abraham es la única manera

Habiendo resuelto la cuestión de cómo Abraham obtuvo la justicia de Dios, Pablo procedió en demostrar la única manera en que cualquiera otra persona puede obtener justicia.

"Sin embargo, al que no trabaja, sino que cree en el que justifica al malvado, se le toma en cuenta la fe como justicia". Romanos 4.5 (NVI).

¡Qué bondad! ¡Qué compasión! El Señor, quien es justo en todo sus caminos ofrece su propia perfecta justicia a cualquier pobre, débil, indefenso, desesperado pecador que cree lo que Él dice.

Léelo otra vez: *"al que no trabaja, sino que cree en el que justifica al malvado, se le toma en cuenta la fe como justicia".*

Tan importante, tan profundo, es el camino a la justicia que el apóstol sigue por el capítulo entero repitiendo y confirmando en pocas palabras, para todos, lo que El Señor ha hecho tan claro. Aquí están algunas de sus afirmaciones:

"David dice lo mismo cuando habla de la dicha de aquel a quien Dios le atribuye justicia sin la mediación de las obras". Romanos 4.6 (NVI).

"Hemos dicho que a Abraham se le tomó en cuenta la fe como justicia". Romanos 4.9 (NVI).

Abraham estaba "plenamente convencido de que Dios tenía poder para cumplir lo que había prometido.

Cristo nuestra justicia

Por eso se le tomó en cuenta su fe como justicia.

Y esto de que «se le tomó en cuenta» no se escribió sólo para Abraham, sino también para nosotros. Dios tomará en cuenta nuestra fe como justicia, pues creemos en aquel que se levantó de entre los muertos, Jesús nuestro Señor.

Él fue entregado a la muerte por nuestros pecados, y resucitó para nuestra justificación". Romanos 4.21-25 (NVI).

Esta afirmación positiva y bien definida revela a cada alma perdida, para todo tiempo el único camino desde el pecado, la culpa, y la condenación hasta la justicia y salvación de la condenación y la muerte. Todas las otras afirmaciones en las escrituras están de acuerdo en cuanto a este gran problema de ser hecho justo.

Las tres palabras, "justicia por fe," expresan la asombrosa transacción que el intelecto humano puede capturar en este mundo material. Ellas expresan el mayor obsequio que Dios; en su plenitud infinita, puede obsequiar sobre la humanidad. Este gran detalle expresado por la frase de tres palabras, se ha estudiado, elucidado, y millones se han regocijado en ellas durante épocas pasadas. Todavía sigue siendo el tema del mayor interés sublime e importancia para la familia humana.

Repasando estas afirmaciones, encontramos:

La ley de Dios demanda justicia de todos los que están bajo su jurisdicción. Pero por medio de la transgresión todos son incapaces de rendir la justicia que la ley demanda. Entonces, ¿que, puede hacer el pecador? La transgresión de la ley justa de Dios lo ha hecho injusto. Esto lo ha traído bajo la condenación de la ley. Siendo condenado, la pena de su transgresión tiene que ser pagada. La pena es muerte. Él debe una deuda que demanda su vida. Él está bajo una condenación que él nunca puede remover. Él está confrontando una pena que nunca puede escapar. ¿Qué puede hacer? ¿Hay una manera de escapar su situación oscura y desesperada? Sí, la hay.

"Pero ahora, sin la mediación de la ley, se ha manifestado la justicia de Dios, de la que dan testimonio la ley y los profetas.

Esta justicia de Dios llega, mediante la fe en Jesucristo, a todos los que creen. De hecho, no hay distinción". Romanos 3.21, 22 (NVI).

Éste texto revela la manera de cumplir las demandas de la ley, y enfáticamente afirma que la única manera de hacerlo es "por la fe". Para la mente natural, no iluminada, esta solución es un misterio. La ley requiere obediencia; demanda hechos justos en las actividades de la vida. ¿Cómo se pueden cumplir tal demandas por fe en lugar de por obras? La respuesta está en estas palabras sencillas:

"Pero por su gracia son justificados gratuitamente mediante la redención que Cristo Jesús efectuó.

Dios lo ofreció como un sacrificio de expiación que se recibe por la fe en su sangre, para así demostrar su justicia. Anteriormente, en su paciencia, Dios había pasado

1. Cristo nuestra justicia

por alto los pecados". Romanos 3.24, 25 (NVI).

¡Qué solución más maravillosa para el problema horrible del pecado! Sólo nuestro Padre infinito y sabio puede proveer tal solución. Sólo las Escrituras inspiradas lo pueden revelar. Esta manera de hacer un pecador justo se encuentra solamente en el intachable evangelio de Cristo.

"*Por fe* el [el pecador, que tan penosamente vituperó y ofendió a Dios] puede traer a Dios los méritos de Cristo y el Señor pone la obediencia de su Hijo por la cuenta del pecador. La justicia de Cristo se acepta en lugar del fracaso del hombre". *Review and Herald,* noviembre 4, 1890.

Cristo vino a este mundo como nuestro redentor. Él se hizo nuestro substituto. Él se puso en nuestro lugar en el conflicto con Satanás y el pecado. Él fue tentado en los mismos puntos que nosotros, y nunca pecó. El amó la justicia y odió la iniquidad. Su vida era perfecta y su obediencia cumplió las más altas demandas de la ley. ¡Cuán asombroso y maravilloso es que Dios acepta la justicia de Cristo en lugar de nuestro fracaso, nuestra injusticia!

En esta divina transacción, "Dios recibe, perdona, justifica, y ama al pecador como el ama a su hijo". —*Ibíd*. Con razón Pablo proclamó al mundo entero que el amor de Cristo lo constreñía en sus arduas labores, y que consideraba un gran privilegio y gozo sufrir la pérdida de todas las cosas, para ganar a Cristo y presentarse vestido de su justicia, que es imputada al pecador por fe.

Así se explica como la fe toma el lugar de obras y es contada como justicia. Esta maravillosa verdad debe ser perfectamente clara para cada creyente; y tiene que llegar a ser su experiencia personal. Nos debe permitir abandonar nuestras propias obras, esfuerzos, luchas, y entrar con tranquilidad, confianza, vida y fe viva en los méritos, obediencia, y justicia de Cristo. Esto podemos presentarlo a Dios en lugar de nuestros fracasos. Debemos aceptar gozosamente el perdón y justificación otorgado. Debemos sentir la paz y alegría que tal transacción maravillosa puede traer a nuestros corazones.

"En consecuencia, ya que hemos sido justificados mediante la fe, tenemos paz con Dios por medio de nuestro Señor Jesucristo". Romanos 5.1 (NVI).

Muchos han perdido el camino

Qué extraño y qué triste que éste simple y bello modo de justicia parece tan difícil de encontrar y aceptar para el corazón carnal y natural. Fue de gran tristeza para Pablo que el pueblo de Israel, su parentela de acuerdo con la carne, perdió el camino tan fatalmente. Él dijo:

"En cambio Israel, que iba en busca de una ley que le diera justicia, no ha alcanzado esa justicia.

¿Por qué no? Porque no la buscaron mediante la fe sino mediante las obras, como si fuera posible alcanzarla así. Por eso tropezaron con la «piedra de tropiezo». Romanos 9.31, 32 (NVI).

Por otro lado, "los gentiles, que no buscaban la justicia, la han alcanzado. Me refiero a la justicia que es por la fe". Romanos 9.30 (NVI).

Y ahora el apóstol revela el secreto verdadero del fracaso de Israel:

"No conociendo la *justicia que proviene de Dios, y procurando establecer la suya propia*, no se sometieron a la justicia de Dios. De hecho, Cristo es el fin de la ley, para que todo el que cree reciba la justicia". Romanos 10.3, 4 (NVI).

Finalmente, el apóstol cierra su exposición de este tema sublime con estas palabras:

"¿Qué afirma entonces? «La palabra está cerca de ti; la tienes en la boca y en el corazón.» Ésta es la palabra de fe que predicamos: que si confiesas con tu boca que Jesús es el Señor, y crees en tu corazón que Dios lo levantó de entre los muertos, serás salvo. Porque con el corazón se cree para ser justificado, pero con la boca se confiesa para ser salvo". Romanos 10.8-10 (NVI).

"Justificación por la fe" no es una *teoría*. El pueblo puede tener una teoría sobre eso, y al mismo tiempo ser ignorante de la justicia de Dios y como establecer su propia justicia. "Justificación por la fe" es una transacción, *una experiencia*, un sometimiento a "la justicia de Dios". Es un cambio de presencia delante de Dios y su ley. Sin este cambio no puede haber esperanza para el pecador, porque ese quedará bajo la condenación de la ley inalterable de Dios. Quedaría allí, con una terrible pena, todavía sobre su cabeza.

Nos damos cuenta que es esencial que lleguemos a conocer por experiencia positiva y clara, que esta transacción vital llamada "justicia por la fe" transcurre en nuestros corazones y vidas por el poder de Dios. Sólo entonces podremos orar el Padrenuestro diciendo: "Padre nuestro, que estás en los cielos, santificado sea tu nombre".

"Este nombre es santificado por los ángeles del cielo y por los habitantes de los mundos sin pecado. Cuando oramos «Santificado sea tu nombre», pedimos que lo sea en este mundo, en nosotros mismos. Dios nos ha reconocido delante de hombres y ángeles como sus hijos; pidámosle ayuda para no deshonrar el «buen nombre que fue invocado sobre» nosotros. Santiago 2.7. Dios nos envía al mundo como sus representantes. En todo acto de la vida, debemos manifestar el nombre de Dios. Esta petición exige que poseamos su carácter. No podemos santificar su nombre ni representarlo ante el mundo, a menos que en nuestra vida y carácter represente-

1. Cristo nuestra justicia

mos la vida y el carácter de Dios. Esto podrá hacerse únicamente cuando aceptemos la gracia y la justicia de Cristo". *Discurso maestro de Jesucristo,* Página 92.

Cristo nuestra justicia

Parte II

El testigo del espíritu de profecía

Instadlos a que se esfuercen por asegurarse el don más precioso que pueda concederse a un mortal: el vestido de la justicia de Cristo.

Testimonios para la iglesia, Tomo *9,* 93.2

Todos los que lucen los ornamentos del santuario, pero que no están vestidos de la justicia de Cristo, serán vistos en la vergüenza de su desnudez.

Testimonios para la iglesia, Tomo *5,* 76.2

Capítulo dos

Un mensaje de suprema importancia

EN 1888 la Iglesia Adventista del Séptimo Día recibió un mensaje definitivo y alumbrante. Fue designado como "el mensaje de justificación por la fe". Tanto el mensaje como la manera de recibirlo hizo una impresión fuerte en la mente de los pastores y el pueblo. El transcurso del tiempo no ha borrado esta impresión de la memoria. Hasta hoy, muchos de los que oyen el mensaje están muy interesados y preocupados por él. Durante estos largos años ellos mantienen una convicción firme que algún día este mensaje recibirá gran prominencia en su pueblo. Tienen una dulce esperanza en una obra de purificación y regeneración en la iglesia que Dios mandó para que se lleve a cabo.

Entre las influencias que han conducido a esta convicción está el testimonio divino en cuanto a la proclamación del mensaje de justificación por la fe propuesto en el Congreso de la Conferencia General de Mineápolis, Minnesota en el año 1888. Desde el mismo principio, el espíritu de profecía apoyó el mensaje y su presentación. En un lenguaje claro y positivo nos dijo que el Señor estaba guiando y motivando a hombres para proclamar este mensaje definitivo de justificación por la fe. En cuanto a este Congreso histórico y los hombres que presentaron este mensaje específico, el espíritu de profecía declaró:

"En su gran misericordia el Señor envió un preciosísimo mensaje a su pueblo.... Este mensaje tenía que presentar en forma más destacada ante el mundo al sublime Salvador, y el sacrificio por los pecados del mundo entero. Presentaba la justificación por la fe en el Garante; invitaba a la gente a recibir la justicia de Cristo, que se manifiesta en la obediencia a todos los mandamientos de Dios. Muchos habían perdido de vista a Jesús. Necesitaban dirigir sus ojos a su divina persona, a sus méritos, y a su amor inalterable por la familia humana. Todo el poder está colocado en sus manos, y Él puede dispensar ricos dones a los hombres, impartiendo el inapreciable don de su propia justicia al desvalido agente humano. Este es el mensaje que Dios ordenó que fuera dado al mundo. Es el mensaje del tercer ángel, que ha de ser proclamado en alta voz y acompañado por el abundante derramamiento de su Espíritu". *Testimonios para ministros,* páginas 91, 92.

Cristo nuestra justicia

Cada oración en esta declaración detallada merece un estudio cuidadoso. Analicémoslo brevemente:

1. *Un mensaje preciosísimo.* — "En su gran misericordia el Señor envió un preciosísimo mensaje a su pueblo".

2. *El objetivo* — "Este mensaje tenía que presentar en forma más destacada ante el mundo al sublime Salvador, y el sacrificio por los pecados del mundo entero".

3. *El alcance.* —

    A. "Presentaba la justificación por la fe a travez de un fiador".

    B. "Invitaba a la gente a recibir la justicia de Cristo, que se manifiesta en la obediencia a todos los mandamientos de Dios.

4. *La necesidad.* —

    A. "Muchos habían perdido de vista a Jesús".

    B. "Necesitaban dirigir sus ojos a su divina persona, a sus méritos, y a su amor inalterable por la familia humana".

5. *Los recursos.* —

    A. "Todo el poder está colocado en sus manos".

    B. "Él puede dispensar dones ricos a los hombres".

    C. "Impartiendo el inapreciable don de su propia justicia al desvalido agente humano".

6. *La amplitud.* — "Este es el mensaje que Dios ordenó que se diera al mundo".

7. *Lo que realmente es.* — "Este es el mensaje que Dios ordenó que se diera al mundo. Es el mensaje del tercer ángel, que ha de ser proclamado en alta voz y acompañado por el abundante derramamiento de su Espíritu".

Es difícil concebir como pudiera haber algún mal entendido o duda en cuanto a la aprobación celestial de este mensaje. Esta declaración claramente afirma que el Señor mandó este mensaje, que guió la mente de los hombres que estaban tan profundamente absortos en él, y que lo proclamaron con mucha convicción.

Habría que tomar en cuenta ahora que el rumbo tomado por los mensajeros en los años siguientes no tiene nada que ver con esta declaración positiva, aunque fue repetida muchas veces. Ellos fueron guiados por el Señor a declarar esta verdad fundamental del evangelio a su pueblo, particularmente, en ese tiempo.

2. Un mensaje de suprema importancia

No solamente era el propósito de Dios presentar el mensaje de justificación por la fe a su *iglesia* sino también presentarlo al *mundo*. Finalmente, el mensaje es declarado ser el "mensaje del tercer ángel, que ha de ser proclamado en alta voz y acompañado por el derramamiento abundante de su Espíritu". Es evidente que la aplicación de este mensaje no se limitó al tiempo del Congreso en Mineápolis, sino que su aplicación extiende hasta el fin del tiempo. Por lo tanto, tiene mayor importancia para la iglesia ahora que en 1888. Mientras más cerca nos aproximamos al gran día del Señor, más imperativa será la necesidad de la obra en purificar el alma. Este es el mensaje que nos mandó hacer. Claramente tenemos razones para un nuevo y más ardiente estudio y proclamación de este mensaje.

Los mensajes de Dios y sus providencias siempre están llenos de gran significado. Siempre son necesarios para el cumplimiento de la tarea con la cual están conectados. Él los ordena para el cumplimiento de sus propósitos. No se pueden descartar. No pueden fracasar. Tarde o temprano serán entendidos, aceptados, y puestos en el sitio que les corresponde. Así que el mensaje de justificación por la fe que vino tan definitivamente a la iglesia en 1888, será otorgado un lugar prominente en el período final del gran movimiento con el cual estamos conectados.

Capítulo tres

Mensajes preparatorios

LA CRÓNICA bíblica del trato de Dios con su pueblo está llena de instrucciones beneficiosas para la iglesia remanente. Nos enseña que durante los siglos Él tuvo un sólo propósito eterno e inalterable. Él no ha permitido que nada derrote este propósito. En todas las crisis y acontecimientos que se presentaron, Él ha estado en control. Él ha previsto los peligros por el camino, y mandado advertencias a su pueblo para guardarlos y protegerlos. Cuando necesitaron mensajes para despertarlos, inspirarlos, y renovarlos, Él envió de la nada mensajeros para darles los mensajes. El gran éxodo de Egipto a Canaán, la historia de Samuel e Israel, de David y el reino que él fue escogido para establecer, y las experiencias trágicas de Jeremías en el reino de Judá con su derrota y cautividad, — todos son ilustraciones de esto.

En la historia de estas grandes crisis encontramos que los mensajes de Dios a su pueblo eran de un doble carácter: *Primero*, señalaban los engaños al que su pueblo se estaba dirigiendo, y les advertía de los resultados serios si no regresaban a Él. *Segundo*, les reveló en una forma clarísima exactamente lo que les faltaba. Les dio la certeza que Él no solamente iba a proveer todas sus necesidades, sino que también los inspiraría y les daría el poder si tan solo lo aceptaban de todo corazón. Nada faltaba departe del Señor para enfrentar cada engaño y peligro que Satanás usaría para destruir a su pueblo y a su obra.

Los acontecimientos y las experiencias conectadas con la venida del mensaje de justificación por la fe, en 1888, son muy similares a las experiencias del pueblo de Dios en otros tiempos. Sería bueno considerar muy cuidadosamente a los mensajes del espíritu de profecía justamente antes del Congreso en Mineápolis en 1888.

Los mensajes de 1887

Los testimonios del espíritu de profecía que se recibieron durante el año 1887

3. Mensajes preparatorios

advirtieron de un peligro por venir. Nombraron vez tras vez una maldad específica, y una decepción en la que la iglesia estaba cayendo. Esa decepción es el error fatal de deslizarse hacia el formalismo; la sustitución de formas, ceremonias, doctrinas, mecanismos, y actividades, en lugar de la experiencia en el corazón, que viene solamente con una relación íntima con Jesucristo nuestro Señor. Todo el año se advirtió de este peligro a los pastores y miembros con mensajes publicadas en la revista *Review and Herald*. Para captar la seriedad de la situación en ese tiempo y entender las advertencias, vamos a citar algunos párrafos, dando la fecha de publicación:

1. [Es posible ser un creyente parcial, formal, y aun encontrarse deficiente, y perder la vida eterna. Es posible practicar algunos de los requerimientos bíblicos, y ser considerado como un cristiano, y a la vez perecer porqué les faltan las cualidades esenciales que constituyen un carácter cristiano] *Review and Herald,* enero 11, 1887.

2. Dos semanas después otro mensaje declaró: [La observancia de formas externas no puede satisfacer el gran deseo del alma humana. Una mera profesión de Cristo no es suficiente para prepararlo para el examen del juicio] *Review and Herald,* enero 11, 1887.

3. Tres semanas más tarde se declaró claramente: [Hay demasiada formalidad en la Iglesia. Las almas se están perdiendo por falta de luz y conocimiento. Debemos estar tan conectados con el origen de luz que podemos ser canales de luz para el mundo… Aquellos que profesan ser guiados por la palabra de Dios pueden estar familiarizados con las evidencias de su fe, pero todavía ser como el árbol de higos, pretencioso, glorioso en su follaje delante del mundo, pero cuando es examinado por el gran Maestro, se encuentra sin fruto.] *Review and Herald,* febrero 15, 1887.

4. Dos semanas después, vino otra declaración de importancia similar: "En el monte de los Olivos, el Señor Jesús declaró categóricamente que "por haberse multiplicado la maldad, la caridad de muchos se enfriará". Mateo 24.12. Habla de una clase de personas que ha caído de un alto estado de espiritualidad. Penetren en los corazones estas declaraciones con poder solemne y escrutador…Se sigue cumpliendo una serie de servicios religiosos formales; pero, ¿dónde está el amor de Jesús? La espiritualidad está muriendo. ¿Ha de perpetuarse este sopor, este lamentable deterioro? *Escrito marzo 1, 1887; Testimonios para la iglesia,* Tomo 5, página 507.3.

Los mensajes continuaron, sin parar, durante todo el año diciéndonos que la formalidad estaba penetrando en la iglesia. Nos dijo que estábamos confiando demasiado en formas, ceremonias, teorías, mecanismos y actividades constantes. En verdad estos mensajes debieran haber hecho una impresión profunda pero el formalismo es muy engañoso y ruinoso. Es una roca inesperada y escondida en el cual la iglesia casi ha naufragado durante los siglos. Pablo nos amonesta que la apariencia de piedad sin el poder de Dios será uno de los peligros en los últimos días y debemos evitar este engaño. Continuamente Dios envía sus amonestaciones a su iglesia por medio de varios canales para evitar los riesgos del formalismo.

Es precisamente este engaño peligroso del cual el espíritu de profecía nos advirtió repetidamente en 1887. El mensaje de justificación por la fe vino para salvarnos de las consecuencias.

Éste movimiento es de Dios. Está destinado a triunfar gloriosamente. Su organización fue iniciada en el cielo y sus departamentos son las ruedas dentro de las ruedas. Las ruedas están conectadas diestramente pero son incompletas sin el Espíritu proveyendo poder y velocidad. Las ruedas son los hombres y las mujeres. Dios bautiza hombres y mujeres en lugar de movimientos, y cuando los hombres reciben el poder del Espíritu en sus vidas, la bella maquinaria avanza su obra con velocidad. Esto se tiene que descubrir individualmente antes de que se pueda descubrir en conjunto. ¡Qué imperativa es nuestra necesidad de la provisión de Dios!

No solo vinieron las amonestaciones en contra de la sustitución de teorías, formas, actividades, y maquinaria de organización. Con estas amonestaciones vinieron mensajes positivos, poderosos, y directos diciéndonos exactamente qué debiéramos hacer para salvarnos de la situación hacia la cual estábamos moviéndonos. El mensaje entero no se puede reproducir aquí porque es largo. (Se puede ver en el apéndice páginas 99-103).

Sin embargo, algunos extractos nos pueden dar una idea de su importancia y de la esperanza ofrecida a la iglesia, si escuchamos la instrucción.

La necesidad mayor y más urgente

[El reavivamiento de santidad verdadera en nosotros es la más grande y más urgente de todas nuestras necesidades. Buscarla debe ser nuestra primera obra. Tiene que haber un esfuerzo ardiente para obtener la bendición del Señor, no porque Dios no quiere darnos su bendición, sino porque no estamos preparados para recibirla…

Hay personas en la iglesia que no se han convertido y que no se han unido en oración continua y ardiente. Tenemos que entrar en esta obra individualmente. Hay que orar más, y hablar menos. La iniquidad abunda y el pueblo tiene que aprender a no estar satisfecho con una forma de santidad sin el Espíritu y poder…

Tenemos mucho más que temer de adentro que de afuera. Los impedimentos al

3. Mensajes preparatorios

vigor y el éxito son muchos mayores viniendo de la iglesia que del mundo…

No hay nada que Satanás tema tanto como que el pueblo de Dios abra el camino, removiendo cada obstáculo, para que el Señor pueda derramar su Espíritu sobre su iglesia abatida, e impenitente. Si fuera la voluntad de Satanás nunca habría otro reavivamiento espiritual, grande o pequeño, hasta el fin del tiempo. Pero no somos ignorantes de sus medios. Es posible resistir su poder. Cuando el camino está preparado para el Espíritu de Dios, la bendición viene. Satanás no puede impedir que descienda una lluvia de bendiciones sobre el pueblo de Dios, así como no puede cerrar las ventanas del cielo para que la lluvia no caiga sobre la tierra. Ni hombres malignos ni demonios pueden impedir la obra de Dios, o impedir su presencia en las asambleas de su pueblo si su pueblo confiesa sus pecados y se arrepienten con corazón sumiso, reclamando con fe sus promesas. Cada tentación, cada influencia opuesta, sea abiertamente o en secreto, puede ser resistida con éxito. "No será por la fuerza ni por ningún poder, sino por mi Espíritu—dice el Señor Todopoderoso". Zacarías 4.6 (NIV).

¿Cuál es nuestra condición en este tiempo solemne y atemorizante? ¡Ay, cuanto orgullo prevalece en la iglesia, cuanta hipocresía, cuanta decepción, cuanto amor por las modas, frivolidad, divertimiento, cuanto deseo de supremacía! Todos estos pecados han nublado la mente, de modo que las cosas eternas no han sido discernidas.] *Review and Herald,* marzo 22, 1887.

¡Qué mensaje más solemne, y tan lleno de consejos tiernos y utiles! ¡Qué esperanza se presenta ante la iglesia si tan solo lo escuchara sinceramente! ¡Qué triste que éste gran mensaje quedó enterrado en los archivos de la revista *Review and Herald,* por tanto tiempo! ¿No es tiempo de traer este mensaje de nuevo a la atención de la iglesia con poder y claridad, así como Esdras trajo el libro olvidado de la ley de Moisés y leyó las instrucciones contenidos en él al pueblo de Israel?

El remedio para aplicar

Al final del año 1887, llegó un mensaje apuntando positivamente y con claridad al único remedio para los males que continuamente y con mucha seriedad se presentaron durante todo el año. Este remedio, es la unión con Cristo Jesús nuestro señor.

[Hay una grande diferencia entre una supuesta unión y una conexión real con Cristo por fe. Una profesión de religión coloca a los hombres en la iglesia, pero esto no prueba que ellos tienen una conexión vital con la Vid viviente… Cuando esta comunión íntima se forma, nuestros pecados se entregan a Cristo, y su justicia es imputada a nosotros. Él se hizo pecado por nosotros para que nosotros tengamos la justicia de Dios en Él.

Cristo nuestra justicia

El poder del mal es tan identificado con la naturaleza humana que ningún hombre lo puede vencer sino por la unión con Cristo. Mediante esta unión podemos recibir poder moral y espiritual. Si tenemos el espíritu de Cristo, daremos frutos de justicia…

Una unión con Cristo viviendo por fe dura mucho, pero cualquiera otra unión perece. Cristo nos escogió a nosotros primero, pagando un precio infinito por nuestra redención. El creyente verdadero escoge sobre todo a Cristo primero y último. Pero esta unión nos cuesta algo. Es una relación de dependencia completa, hecha por una persona orgullosa. Todo el que forma esta unión tiene que sentir la necesidad de que la sangre de Cristo cambie su vida. Tiene que tener un cambio de corazón. Tiene que someter su propia voluntad a la voluntad de Dios. Habrá una lucha entre obstáculos internos y externos. Tiene que haber una obra de separación tanto como una obra de apego. El egoísmo, la vanidad, el espíritu mundano, y el pecado en todas sus formas tienen que ser vencidos si vamos a entrar en una unión con Cristo. La razón por la cual muchos sienten que la vida cristiana es tan lamentablemente dura, es porque son caprichosos y variables. Es porque tratan de apegarse a Cristo sin separarse de sus ídolos queridos.] *Review and Herald,* diciembre 13, 1887.

Éste mensaje nos lleva al corazón mismo del evangelio — unión con Cristo. Ningún hombre puede vencer el pecado sin esta unión. Por la unión con Cristo nuestros pecados se entregan a Él y Su justicia es imputada a nosotros. Esta realidad no es una forma ni una ceremonia. No es ser miembro en la iglesia ni consentir con el intelecto a las teorías y dogmas. La unión con Cristo es una realidad que satisface en todo lo que pertenece a la vida cristiana. En esto existe nuestra seguridad. Esta fue la gran necesidad que resultó que en 1887 el Señor mande el mensaje de justificación por la fe para conducirnos a esta experiencia.

El mensaje de 1888

Durante el año 1888, los mensajes positivos que empezaron en 1887 continuaron, creciendo en claridad y poder, como vamos a observar. El camino verdadero se presenta claramente, y es la única manera que ofrece sinceridad genuina, realidad, y victoria. Este camino verdadero es por medio de una relación con nuestro Señor resucitado.

El único camino verdadero

[Sin la presencia de Jesús en el corazón, el servicio religioso es solamente un for-

3. Mensajes preparatorios

malismo muerto y frío. El deseo ardiente de comunión con Dios pronto desaparece cuando el Espíritu afligido de Dios se remueve. Cuando Cristo, la esperanza de gloria, mora en nosotros, estamos constantemente dirigidos a pensar y actuar con referencia a la gloria de Dios.] *Review and Herald,* abril 17, 1888.

[Deberíamos estudiar la vida de nuestro redentor porque Él es el único ejemplo perfecto para el hombre. Deberíamos contemplar el sacrificio infinito del calvario y observar la severa maldad del pecado y la justicia de la ley. Serás ennoblecido y fortalecido después de un estudio concentrado sobre el tema de la redención. Recibirás una comprensión del carácter de Dios más profunda, y el plan entero de la salvación será definido más claramente en tu mente. Te será más fácil cumplir su comisión divina. Con un sentido de convicción, podrás testificar sobre el carácter inmutable de la ley manifestada por la muerte de Cristo en la cruz y la naturaleza maligna del pecado. También podrás testificar sobre la justicia de Dios en justificar al creyente en Jesús con la condición de su obediencia futura a los estatutos del gobierno de Dios en el cielo y en la tierra.] *Review and Herald,* abril 24, 1888.

El perdón, la justificación, la paz, la alegría, y la victoria, se encuentran en la contemplación seria, y en aceptar las verdades vitales del evangelio. Estas verdades incluyen a nuestro Redentor, su sacrificio renovador, la naturaleza maligna del pecado, y la justicia de Cristo.

Un mensaje asombroso

Después de señalar al único camino verdadero, llegó un mensaje asombroso que tiene que haber sido diseñado por el Señor para guiar a su pueblo hacia un sentido de peligro y así moverse rápidamente al camino seguro.

[Cada miembro de nuestra iglesia debe hacerse la pregunta solemne: ¿Como seguidor de Jesucristo, como me ve Dios? ¿Brilla nuestra luz hacia el mundo con rayos claras? ¿Como pueblo solemnemente dedicado a Dios, hemos preservado nuestra unión con el Origen de toda luz? ¿No son los síntomas del deterioro y declive visible en forma dolorosa en las iglesias cristianas de hoy? La muerte espiritual ha venido sobre el pueblo que debiera manifestar vida, ardor, pureza, consagración, y una devoción hacia la verdad. Los hechos en cuanto a la condición real del pueblo de Dios hablan con más fuerza que su profesión, y son evidencia que algún poder ha cortado la cadena del ancla en la Roca Eterna. Se están alejando hacia el mar sin brújula o mapa.] *Review and Herald,* julio 24, 1888.

Algún poder, se declara, ha cortado la cadena del ancla en la roca eterna y los miembros se están alejando hacia el mar sin brújula o mapa. ¿Qué situación podría ser más atemorizante que esta? ¿Qué razón más convincente se podría dar para mostrar la necesidad de entregar el corazón a Aquel que nos puede mantener firmes?

Cristo nuestra justicia

Regreso al embarcadero seguro

El próximo mensaje explica lo que es necesario para reparar la cadena que el enemigo ha cortado y así traernos de nuevo al embarcadero seguro.

[No es suficiente estar familiarizados con los argumentos de la verdad. Tenemos que encontrar a las personas por medio de la vida que es en Jesús. Tu obra será exitosa si Jesús habita en ti. Él dijo: "separados de mí no pueden ustedes hacer nada". (Juan 15.5 NVI). Jesús estaba a la puerta de sus corazones tocando. Sin embargo, algunos dicen continuamente, "no lo puedo encontrar". ¿Por qué no? Él dice "Aquí estoy tocando". ¿Por qué no abres la puerta y dices, "Entra, mi Señor"? Me alegro tanto por estas instrucciones sencillas en cuanto a la manera de encontrar a Jesús. Si no fuera por estas instrucciones yo no sabría cómo encontrarlo. ¡Yo deseo tanto su presencia! Abre la puerta ahora. Saca del templo de tu alma a los que compran y venden, y pídele al Señor que entre. Dile, "Yo te amo con toda mi alma. Yo haré las obras de justicia. Yo obedeceré la ley de Dios". Entonces sentirás la paz tranquila de Jesús] *Review and Herald*, agosto 28, 1888.

El clímax de los mensajes preparatorios

Unas pocas semanas antes de la asamblea de el Congreso General en Mineápolis, el Señor mandó el siguiente mensaje como un clímax asombroso a toda la instrucción que había venido sobre este gran tema, mes tras mes, por casi dos años.

[¿Cuál es la obra de ministro del evangelio? Es interpretar rectamente el evangelio cometido a ellos. No es inventar un evangelio nuevo, pero interpretar correctamente el evangelio ya cometido a ellos. No pueden valerse de sermones viejos para presentarlos a sus congregaciones, porque estos discursos, pueden ser inapropiados para la ocasión o los deseos de la gente. Hay temas que tristemente, son mal entendidos, pero en los cuales se debe poner empeño. El énfasis de nuestro mensaje debe ser la misión y vida de Jesucristo. Hágase hincapié en la humillación, la abnegación, la mansedumbre y la humildad de Cristo para que los corazones orgullosos y egoístas puedan ver la diferencia entre ellos y el Modelo y así ser humildes. Enseñe a sus oyentes a Jesús en su condescendencia para salvar a los humanos caídos. Muestre que Él, quien es nuestra seguridad, tuvo que tomar la naturaleza humana y llevarla tras la oscuridad y el temor del rechazo de Su Padre. El rechazo vino a causa de la transgresión humana de Su ley porque el Salvador se encontraba como humano.

Describa lo mas que pueda en lenguaje humano, la humillación del hijo de Dios, y no piensa que ha alcanzado el clímax cuando vea a Jesús cambiando el trono de luz y gloria que él tenía con el Padre, por la humanidad. El vino del cielo a la tierra, y estan-

3. Mensajes preparatorios

do en la tierra, sufrió la maldición de Dios como garantía para la raza caída. Él no estaba obligado a hacerlo. Él escogió sufrir la ira de Dios en la que el hombre había incurrido por medio de la desobediencia a la ley divina. Él escogió las burlas crueles, los azotes, y la crucifixión. "Y al manifestarse como hombre, se humilló a sí mismo y se hizo obediente hasta la muerte, ¡y muerte de cruz"! Filipenses 2.8 (NVI). Pero la manera de su muerte fue un asombro para el universo porque era "¡y muerte de la Cruz"! Cristo no era insensible a la ignominia y desgracia. Él lo sintió todo amargamente. Él lo sintió mucho más profunda y agudamente de lo que nosotros podemos sentir, porque su naturaleza era más exaltada, pura y santa, que la de la raza humana por la cual él sufrió. Él era la Majestad del cielo, igual que el Padre. Él era el comandante de una gran multitud de ángeles, pero él murió por el hombre una muerte que, más que cualquier otra, estaba vestida en ignominia y reproche. ¡Ay, si los corazones orgullosos de los hombres pudieran darse cuenta de esto! Si pudieran tener un entendimiento de la redención, y aprender la mansedumbre y humildad de Jesús.] *Review and Herald,* septiembre 11, 1888.

Esta instrucción se dirige especialmente a los pastores — los maestros en Israel:

1. Deben exponer la verdad correctamente.

2. No deben inventar un evangelio nuevo, pero presentar correctamente el evangelio al que ya se han cometido.

3. No deben continuar de predicar "sermones viejos" a la gente, porque estos "discursos" tal vez, no sean apropiados a las necesidades del pueblo.

4. Deben enfatizar temas que, tristemente, se han descuidado.

5. El tema principal del mensaje debe ser la vida y la misión de Jesucristo.

El párrafo final ofrece un cuadro comprensivo del sublime tema: La misión y la vida de Cristo.

En retrospectiva

Desde este punto parece que todos estos mensajes directos, claros, y solemnes deberían haber hecho una impresión más profunda en las mentes de los pastores. Parecería que deberían haber estado completamente preparados para oír este mensaje inspirador que llegó al tiempo apropiado, de reformación, renovación, y restauración que se presentó con tanta claridad, y sinceridad. Los mensajeros del Señor fueron escogidos para presentar este mensaje. Recibir la justicia perfecta de Cristo en corazones engañados y pecaminosos es el remedio que el Señor mandó. Era exactamente lo que se necesitaba. ¿Quién sabe lo que hubiera ocurrido en la iglesia y la obra de Dios si este mensaje de justificación por la fe hubiese sido recibido completamente y de todo corazón por todos en ese tiempo? ¿Quién puede estimar la pérdida causada por no recibir este mensaje por parte de muchos? Solo la eternidad revelará toda la verdad sobre este asunto.

Capítulo cuatro

El mensaje presentado en el Congreso de Mineápolis

EL MENSAJE de justificación por la fe vino por completo y con claridad al Congreso de la Conferencia General en Mineápolis, Minnesota, en noviembre, 1888. Fue el gran tema de estudio en la parte devocional del congreso. Parecía que la presentación del tema había sido anticipada, y que recibiría una discusión cabal en el congreso. Pues así fue lo que sucedió.

El mensaje no se recibió igualmente por todos los que asistieron al congreso. Había opiniones serias diferentes en cuanto al tema por parte de los dirigentes. La división de opiniones se puede clasificar de la siguiente manera:

Clase 1. — Los que vieron la gran luz y lo aceptaron con alegría. Ellos creyeron que era la fase más esencial del evangelio y que se le debiera dar gran énfasis en los esfuerzos para salvar a los perdidos. Para ellos, el mensaje parecía ser el secreto verdadero de una vida victoriosa en el conflicto con el pecado. La gran verdad de ser justos por fe en el hijo de Dios era la necesidad más urgente de la iglesia remanente en preparación para el segundo advenimiento.

Clase 2. — Habían algunos que se sentían indecisos sobre lo que ellos llamaban una "nueva enseñanza". Parecían incapaces de entenderla. No podían llegar a una conclusión. Como resultado, sus mentes estaban perplejas y confusas. En aquel momento no pudieron aceptar o rechazar el mensaje.

Clase 3. — Otros que estaban resueltamente opuestos a la presentación del mensaje. Ellos afirmaban que la verdad de la justificación por la fe había sido reconocida por nuestro pueblo desde el mismo principio, y esto era verdad teóricamente. Por esta razón no veían la necesidad de poner tanto énfasis sobre este tema como se había hecho por los que lo apoyaban. Además, temían que el énfasis puesto sobre este tema. de justificación por la fe ofuscaría las doctrinas que habían recibido prominencia desde el principio de la historia de nuestra denominación. Ellos creían que estas doctrinas distintivas eran el secreto del crecimiento y el poder del movimiento, y temían que si estas doctrinas fueran ofuscadas por cualquier mensaje o enseñanza, nuestra causa perdería su fuerza y su carácter distintivo. Estos temores les hicieron sentirse obligados a proteger al pueblo y a la causa con decidida oposición.

Esta diferencia del punto de vista entre los dirigentes causó resultados serios. Desafortunadamente, esta controversia, creó alienación. Durante los años siguientes ha habido un deseo, una esperanza y una creencia que algún día el mensaje de justificación por la fe brille con toda su gloria y poder, y reciba pleno reconocimiento. Durante este tiempo, los malentendidos y la oposición han estado desapareciendo. Muchos ahora tienen la convicción que este mensaje de justificación por la fe debe ser estudiado, enseñado, y enfatizado lo más posible, como su importancia lo demanda.

Ningún informe completo se ha publicado de la presentación y discusión del mensaje de justificación por la fe en el Congreso de Mineápolis. Informes orales fueron dados por los que asistieron. Los escritos subsiguientes del espíritu de profecía nos han dado información sobre la recepción del mensaje y también su rechazo. Es necesario estar familiarizado con esta información inspirada para comprender mejor nuestra situación actual. Sería más agradable eliminar algunas de las afirmaciones dadas por el espíritu de profecía en cuanto a la actitud de algunos de los dirigentes hacia el mensaje y los mensajeros. Pero esto no se puede hacer dando solamente una presentación parcial de la situación que ocurrió en el Congreso, y así dejar la pregunta en más o menos un misterio.

El origen del mensaje

Debido a la confusión causada por la oposición, fue necesario mostrar con certeza positiva que el mensaje de justificación por la fe vino en ese tiempo por la dirección directa de Dios. Las afirmaciones siguientes deben eliminar toda duda en cuanto al origen del mensaje presentado en el Congreso de Mineápolis:

[El mensaje presente — justificación por la fe — es un mensaje de Dios. Tiene credenciales divinas porque sus frutos son la santidad.] *Review and Herald,* septiembre 3, 1889.

[Mensajes con credenciales divinas fueron mandados al pueblo de Dios. La gloria, la majestad, y la justicia de Cristo, lleno de bondad y verdad, se presentó. La plenitud de Dios ha sido presentada con toda su belleza encantando a todos cuyos corazones no estaban cerrados por prejuicio. Sabemos lo que Dios hizo entre nosotros. Hemos visto a almas cambiadas del pecado a la santidad. Hemos visto la fe reavivada en los corazones de los contritos.] *Review and Herald,* mayo 27, 1890.

4. El mensaje presentado en el Congreso de Mineápolis

Su recepción variada

Como expliqué anteriormente, algunos de los que asistieron el Congreso en Mineápolis recibieron el mensaje de justificación por la fe con gran satisfacción. Para ellos era un mensaje de vida. Les dio un aprecio nuevo de Cristo, y una visión nueva de su gran sacrificio en la cruz. Les trajo un sentido de paz, gozo, y esperanza en sus corazones. Era el elemento supremo que necesitaban para preparar al pueblo para encontrarse con Dios.

Éstos individuos regresaron a sus iglesias con un ungimiento nuevo para predicar el evangelio de salvación del pecado, y para ayudar a sus hermanos a aceptar la justicia de Cristo por fe como se revela en el evangelio. La hermana White tomó una parte muy ferviente y activa en esta obra. Ella informó por medio de la revista Review and Herald algunas de sus experiencias. Por ejemplo:

[Le damos gracias al Señor de todo corazón que tenemos una luz preciosa para presentar al pueblo, y nos regocijamos que tenemos un mensaje para este tiempo el cual es la verdad presente. La noticia que Cristo es nuestra justicia trajo consuelo para muchas almas, y Dios dice a su pueblo, "Sigue adelante". El mensaje a la iglesia de Laodicea se aplica a nuestra condición. ¡Cuán claramente se ve la posición de aquellos que piensan que tienen toda la verdad, y sienten egoísmo en su conocimiento de la palabra de Dios, pero no sienten el poder santificador en sus vidas! No sienten el amor de Dios con fervor en sus corazones, pero este es el mismo fervor de amor que hace al pueblo de Dios la luz del mundo.

En cada reunión a partir del Congreso de la conferencia general, almas aceptaron el mensaje precioso de la justicia de Cristo con entusiasmo. Le damos gracias a Dios que hay almas que reconocen que necesitan algo que no poseen como el oro de la fe y el amor, la vestidura blanca de la justicia de Cristo, y el colirio para los ojos de discernimiento espiritual. Si uno posee estos preciosos dones, el templo del alma humana no será como un altar contaminado. Hermanos y hermanas, yo les imploro en el nombre de Jesucristo de Nazaret, que obren en donde Dios obra. Hoy es el día de oportunidad, misericordia, y privilegio.] *Review and Herald,* julio 23, 1889.

Ocho meses después ella escribió:

[Yo viajé de lugar en lugar donde el mensaje de la justicia de Cristo se predicó. Para mí fue un privilegio apoyar mis hermanos y presentar mi testimonio con el mensaje del día. Yo siempre sentí el poder de Dios acompañando el mensaje.] *Review and Herald,* marzo 18, 1890.

Hablando de una reunión en la ciudad de South Lancaster ella informó:

[Nunca he visto un reavivamiento proceder con tanto esmero y al mismo tiempo libre de una excitación indebida. No hubo llamados al frente, pero había una realización solemne que Cristo no vino para llamar a los justos, sino a pecadores hacia el arrepentimiento. Los de corazón honesto estaban listos para confesar sus pecados y producir frutos de arrepentimiento y restauración a Dios, en lo que les fuere posible. Parecía que estábamos respirando la atmósfera del cielo. En verdad ángeles estaban presentes. El servicio del viernes por la noche empezó a las cinco y no terminó hasta las nueve... Había muchos que testificaron que mientras las verdades se presentaban, ellos se sintieron condenados como transgresores ante la luz de la ley. Ellos habían confiado en su propia justicia. Ahora la veían como trapos sucios comparados con la justicia de Cristo, el cual es la única aceptable ante Dios. Aunque no habían sido transgresores públicos, ellos se vieron a sí mismos como de corazón impuro y corrupto. Ellos habían sustituido otros dioses en lugar del Padre celestial. Ellos habían luchado en contra de sus pecados, pero habían confiado en sus propias fuerzas. Debemos ir a Jesús tal como somos, confesando nuestros pecados, entregando nuestras almas desamparadas al redentor compasivo. Esto vence al orgullo del corazón, y es una crucifixión de sí mismo.] *Review and Herald,* marzo 5, 1889.

¡Qué reavivamiento de verdadera santidad, que restauración de vida espiritual, que lavamiento del pecado, que bautismo del espíritu, y que manifestación del poder divino para terminar la obra en nuestras vidas y en el mundo hubiera venido al pueblo de Dios si todos los pastores hubieran salido del Congreso como estos sirvientes obedientes y fieles al Señor!

La oposición

¡Qué triste, y cuán profundamente lamentable es que al llegar este mensaje de justificación en Cristo, se encontró con oposición por parte de hombres sinceros en la causa de Dios! Este mensaje nunca fue recibido o proclamado libremente como debiera haber sido, y así compartir con la Iglesia las bendiciones infinitas que contiene. La gravedad de tal influencia es demostrada por los reproches ofrecidos. Las siguientes palabras de reproche y advertencia merecen una consideración cuidadosa:

[Dios proveyó hombres para responder a la necesidad de este tiempo para que clamen en alta voz, sin vacilar, que levanten la voz como una trompeta, y muestren a su pueblo sus transgresiones y los pecados en la casa de Jacob. Su trabajo no es solamente proclamar la ley, pero predicar la verdad para este tiempo, — Cristo nuestra justicia...

Hay algunos que no ven la necesidad de una obra especial para este tiempo. Mientras Dios obra para despertar a su pueblo, ellos buscan como dar de lado al mensaje de advertencia, reproche, y súplica. Los que están haciendo esto están dando a la trompeta un sonido incierto. Debieran estar despiertos a la situación, pero están

4. El mensaje presentado en el Congreso de Mineápolis

entrampados por el enemigo.] *Review and Herald,* agosto 13, 1889.

Note la grave denuncia siguiente:

[Te vas a encontrar con aquellos que dicen, "estás demasiado apasionado con este asunto. Estás dándole demasiado empeño. No necesitas alcanzar la justicia de Cristo, dándole tanta importancia. Debieras predicar la ley". Como pueblo hemos predicado la ley hasta que estamos tan secos como las lomas de Gilboa, que no tenían ni lluvia ni rocío. Debemos predicar a Cristo en la ley, entonces habrá savia y nutrición en el mensaje, que será como alimento para el rebaño hambriento de Dios. No podemos confiar en nuestros propios méritos, pero en los méritos de Jesús de Nazaret.] *Review and Herald,* marzo 11, 1890.

Noten también la grave implicación en las siguientes afirmaciones:

[Algunos de nuestros hermanos no están recibiendo el mensaje de Dios sobre este tema. Parecen estar ansiosos de que ninguno de los pastores se aparte de la manera previa de enseñar las mismas viejas doctrinas. ¿No es tiempo de que luz nueva venga al pueblo de Dios para despertarlos hacia un fervor y celo mayor? Las grandísimas promesas preciosas en las Sagradas Escrituras se han perdido en gran parte, justamente como el enemigo de toda justicia lo designó que sea. Él ha puesto su sombra oscura entre nosotros y nuestro Dios para que nosotros no podamos ver el carácter verdadero de Dios.] *Review and Herald,* abril 1, 1890.

[Dios mandó a su pueblo testimonios de verdad y justicia con el propósito de alzar a Jesús y exaltar su justicia. ¿Aquellos a quienes Dios envió con un mensaje son solamente humanos, pero cuál es el carácter del mensaje que ellos llevan? ¿Usted se atreve a desviarse o menospreciar las advertencias porque Dios no le consultó en cuanto a lo que usted prefiere? Dios llama a hombres que hablen en voz alta sin vacilar. Dios llamó a sus mensajeros para hacer la obra de Él para este tiempo. Algunos se han desviado del mensaje de la justicia de Cristo para criticar a los hombres.] *Review and Herald,* mayo 27, 1890.

[¿El Señor mandó su mensaje para despertar a su pueblo al arrepentimiento y que haga sus primeras obras? ¿Cómo recibieron su mensaje? Algunos sí lo han recibido, otros lo han despreciado y reprochado al mensaje y al mensajero. Con la espiritualidad sofocada, y la humildad y sencillez juvenil desaparecida, una profesión de fe formal y mecánica, ha ocupado el lugar del amor y devoción. ¿Seguirá esta lamentable condición? ¿Se apagará la lámpara del amor de Dios en la obscuridad?] *Review and Herald, Extra,* Diciembre 23, 1890.

Para no perder la fuerza de estos mensajes, repasemos los puntos importantes:

1. Dios levantó a hombres para responder a las necesidades del tiempo.

2. Algunos trataron de desviar el mensaje e impedir que el pueblo despertara.

3. Tales personas fueron entrampadas por el enemigo, y le dieron a la trompeta un sonido incierto.

4. Estos hombres declararon que se debe predicar la ley, y no la justicia de Cristo.

5. La exhortación es predicar a Cristo en la ley.

6. Algunos tenían miedo de apartarse de la manera anterior de predicar las viejas doctrinas.

7. Dios levantó a hombres como heraldos del mensaje de justificación por la fe.

8. El desafío: ¿Te atreverás a desviarte, o menospreciar las advertencias?

9. El doble resultado de rechazar el mensaje:

   A. El sofocamiento de la espiritualidad.

   B. La Sustitución de una profesión de fe formal y mecánica.

10. La pregunta clave: ¿Seguirán estas condiciones lamentables?

¡En verdad este es un resumen serio!

El resultado de la división de opiniones

La división y conflicto entre los dirigentes a causa de la oposición al mensaje de la justicia en Cristo, produjo un resultado muy desfavorable. La mayoría del pueblo estaba confundido y no sabía qué hacer. En cuanto a esta reacción leemos:

[Si nuestros hermanos trabajaran junto con Dios, no dudarían que el mensaje que Él nos ha mandado estos últimos dos años vino del cielo. Nuestros jóvenes observan a los hermanos mayores, y cuando ven que estos no aceptan el mensaje, sino que lo tratan como si fuera inconsecuente, influye en los que son ignorantes de las Escrituras para que rechacen la luz. Estos hombres rehúsan recibir la verdad, y se interponen entre el pueblo y la luz. Pero no hay excusa para que nadie rechace la luz porque la luz fue revelada claramente. No hay necesidad de que nadie sea ignorante… En lugar de poner su peso en contra del carruaje de la verdad que se está empujando cuesta arriba, deberían trabajar con toda su energía para impulsarlo hacia adelante.] *Review and Herald,* marzo 18, 1890.

4. El mensaje presentado en el Congreso de Mineápolis

[Por casi dos años hemos estado animando al pueblo que venga y acepte la luz y la verdad de la justicia de Cristo, pero no saben si venir y aferrarse a esta verdad preciosa o no. Están sujetos a sus propias ideas. No dejan entrar al Salvador.] *Review and Herald,* marzo 11, 1890.

[Algunos se han desviado del mensaje de la justicia de Cristo para criticar a los hombres… El mensaje del tercer ángel no será comprendido, y la luz que brillará en la tierra en toda su gloria será llamada una luz falsa por aquellos que rehúsan caminar en su gloria. La obra que se pudiera haber hecho será dejada sin hacer por los que rechazan la verdad a causa de su incredulidad. Le suplicamos a los que se oponen a la luz de la verdad que se aparten del camino del pueblo de Dios. Dejen que la luz celestial brille sobre ellos con rayos claros y constantes.] *Review and Herald,* mayo 27, 1890.

[Hay tristeza en el cielo sobre la ceguera espiritual de muchos de nuestros hermanos… Dios levantó a mensajeros con su espíritu y les dijo: "Clamen en alta voz, sin vacilar, que levanten la voz como una trompeta, y demuestren a su pueblo sus transgresiones y los pecados en la casa de Jacob". No deje que nadie tome el riesgo de interponerse entre el pueblo y el mensaje celestial. El mensaje de Dios llegará al pueblo, y si no hubiese voz entre los hombres, las piedras mismas clamarán. Yo invito a cada predicador que busque al Señor, que abandone su orgullo, que abandone la lucha por supremacía, y que humille su corazón ante Dios. Es la frialdad del corazón y la incredulidad de aquellos que debieran tener fe que mantienen débil a la iglesia.] *Review and Herald,* julio 26, 1892.

No debemos perder la importancia solemne de estas palabras celestiales. Marquen bien estas afirmaciones claras:

1. El mensaje de 1888-90 vino del cielo.
2. El rechazo por parte de los hermanos mayores causó a los hermanos más jóvenes incertidumbre y confusión.
3. Los que rechazaron el mensaje se interpusieron entre el pueblo y la luz.
4. No hay excusa; la luz ha sido claramente revelada.
5. La razón por la cual los hombres han sido lentos en aceptar esta verdad preciosa es porque están sujetos a sus propias ideas.
6. El camino de algunos ha sido rechazar el mensaje y criticar a los mensajeros.
7. Aquellos que rehúsan caminar en esta luz no podrán comprender el mensaje del tercer ángel.

8. Aquellos que rehúsan caminar en esta luz celestial que iluminará la tierra con su gloria, la llamarán una luz falsa.

9. Como resultado de su incredulidad, una obra importante se quedará sin hacer.

10. Una súplica solemne a los que se oponen a la luz: "*Apártense del camino del pueblo*".

11. La ciegues espiritual causa tristeza en el cielo.

12. La certeza que Dios ha levantado mensajeros y les ha dado Su Espíritu.

13. Si no hubiera voz humana para dar el mensaje, las piedras mismas clamarían.

14. El llamado a cada pastor que humille su corazón ante Dios para que la iglesia reciba fuerza espiritual.

Seguramente que más comentarios sobre estas advertencias y súplicas solemnes serían superfluos.

Principios fundamentales

Respaldando a la oposición, se revela al conspirador sagaz, el enemigo de toda justicia, maquinando maldad. El hecho de su determinación en neutralizar el mensaje y sus efectos inevitables, es evidencia de el gran valor e importancia del mensaje. ¡Qué terribles serían los resultados de cualquier victoria suya en su derrota! En cuanto a los planes sagaces de Satanás, recibimos una advertencia clara:

[El enemigo del hombre y de Dios no quiere que esta verdad (justificación por la fe) se presente en forma clara porque si el pueblo la recibe enteramente, su poder sería derrotado. Si él puede controlar las mentes, para que la duda, la incredulidad, y la oscuridad sean la experiencia de aquellos que se llaman hijos de Dios, puede vencerlos con la tentación.] *Review and Herald,* septiembre 3, 1889.

[Nuestra posición actual es interesante y peligrosa. El peligro de rechazar la luz del cielo debería hacernos más atentos a orar, para que ninguno tenga un corazón malo con incredulidad. Cuando el Cordero de Dios fue crucificado en el calvario la destrucción de Satanás se aseguró. Si el enemigo de la verdad y justicia pudiera borrar de la mente los pensamientos que son necesarios para depender de la justicia de Cristo para la salvación, él lo haría. Si Satanás consigue lograr que el hombre ponga valor en sus propias obras como obras de mérito y justicia, sabe que puede vencerlo con sus tentaciones y hacerlo su víctima. Alzad a Jesús ante el pueblo. Untad el portal con

4. El mensaje presentado en el Congreso de Mineápolis

la sangre del Cordero del Calvario y estarás seguro.] *Review and Herald,* septiembre 3, 1889.

Una vez más vamos a resumir estas afirmaciones porque tienen una importancia grandísima:

1. Satanás es el que no quiere que la verdad de justificación por la fe sea presente.
2. La razón es que si esta verdad se recibe enteramente por el pueblo, el poder de Satanás sería derrotado.
3. Si Satanás puede esparcir entre el pueblo duda e incredulidad, él los puede vencer con sus tentaciones.
4. El objeto de Satanás es borrar de la mente lo que es necesario para depender de la justicia de Cristo para la salvación.
5. Si Satanás puede llevar a los hombres a depender en sus propias obras como justicia, él sabe que ellos serán sus víctimas.
6. La alarma ha sonado: Alzad al Salvador crucificado, y poned vuestra confianza en su sangre.

¡Qué desafío para la oración se presenta aquí! ¡Cómo debemos buscar a Dios en humildad para el ungimiento del colirio celestial! Solamente al aceptar y recibir estas provisiones gloriosas estará el pueblo preparado para estar de pie ante Dios Santo sin mancha ni arruga cuando Él venga. Solo así se pueden obedecer sus mandamientos, y solo por su poder divino puede la Iglesia completar su gran comisión.

Capítulo cinco

El mensaje de 1888 marca una era nueva en la proclamación del tercer ángel

UN ESTUDIO cuidadoso de la instrucción dada por el espíritu de profecía nos llama a la convicción de que la venida del mensaje de justificación por la fe en el Congreso de Mineápolis fue una señal de la providencia de Dios, una providencia designada a iniciar el comienzo de una nueva era en el cumplimiento de su obra. La afirmación siguiente, escrita solamente cuatro años después del Congreso en Mineápolis, en 1888, nos ofrece el punto de apoyo para esta conclusión:

[El tiempo de prueba está por empezar, y el fuerte pregón del tercer ángel ya empezó en la revelación de la justicia de Cristo, como el Redentor que perdona los pecados. Éste es el comienzo de la luz del ángel cuyo resplandor llenará la tierra entera".] *Review and Herald,* noviembre 22, 1892.

Casi alarmante en carácter son las afirmaciones en el párrafo previo. Tienen una aplicación muy importante en la obra que los Adventistas del Séptimo Día están llevando adelante, así que son de gran interés para todos los que están conectados con la obra de proclamar el mensaje del tercer ángel. Leamos el párrafo otra vez de un punto analítico:

1. El tiempo de prueba está por llegar.

2. El *grito* del tercer ángel *ya ha comenzado.*

3. Empezó con la revelación de la justicia de Cristo (el mensaje de 1888).

4. Marca el comienzo de la luz del ángel cuyo resplandor llenará el mundo entero.

5. El mensaje de 1888

Los eventos mencionados en este párrafo son los mismos que los que se ven en Apocalipsis 18.1, 2.

"Después de esto vi a otro ángel que bajaba del cielo. Tenía mucho poder, y la tierra se iluminó con su resplandor. Gritó a gran voz: ¡Ha caído! ¡Ha caído la gran Babilonia! Se ha convertido en morada de demonios y en guarida de todo espíritu maligno, en nido de toda ave impura y detestable". Apocalipsis 18.1, 2 (NVI).

Noten la explicación de esta escritura dada por el espíritu de profecía:

"Vi ángeles que apresuradamente iban y venían de uno a otro lado del cielo, bajaban a la tierra y volvían a subir al cielo, como si se prepararan para cumplir algún notable acontecimiento. Después vi otro ángel poderoso, al que se ordenó que bajase a la tierra y uniese su voz a la del tercer ángel para dar fuerza y vigor a su mensaje. Ese ángel recibió gran poder y gloria, y al descender dejó toda la tierra iluminada con su gloria. La luz que rodeaba a este ángel penetraba por doquiera mientras clamaba con fuerte voz: «Ha caído, ha caído la gran Babilonia, y se ha hecho habitación de demonios y guarida de todo espíritu inmundo, y albergue de toda ave inmunda y aborrecible». Aquí se repite el mensaje de la caída de Babilonia, tal como lo dio el segundo ángel, con la mención adicional de las corrupciones introducidas en las iglesias desde 1844. La obra de este ángel comienza a tiempo para unirse a la última magna obra del mensaje del tercer ángel cuando éste se intensifica hasta ser un fuerte pregón. Así se prepara el pueblo de Dios para afrontar la hora de la tentación que ha de asaltarle. Vi que sobre los fieles reposaba una luz vivísima, y que se unían para proclamar sin temor el mensaje del tercer ángel". *Primeros escritos,* página 277.1.

El panorama de eventos presentados en este párrafo son tan extensivos y tan lleno de significado que nos ayuda separar cada evento:

    1. Un ángel poderoso baja del cielo a la tierra.

    2. La obra de este ángel es:

        A. Unir su voz con la del tercer ángel.

        B. Dar poder y fuerza al mensaje del tercer ángel.

    3. Este ángel recibió gran poder y gloria:

        A. La tierra se iluminó con su gloria.

        B. La luz penetrando por doquier.

4. La obra de este ángel poderoso llego en el momento preciso para unirse a la gran obra del mensaje del tercer ángel.

5. Como resultado de la venida de este ángel poderoso, el mensaje llega a ser un fuerte pregón.

6. El poder de este ángel poderoso prepara al pueblo de Dios para mantenerse firme en la hora de prueba.

7. Esta preparación se reconoce en el cielo como el obsequio de una luz vivísima que reposa sobre el pueblo de Dios.

8. La culminación de estos eventos es un pueblo unido, proclamando el mensaje del tercer ángel sin temor.

Conectados inseparablemente con este programa de grandes eventos es el derrame de la "lluvia tardía" a la iglesia remanente. Noten el párrafo siguiente:

"En ese tiempo, cuando se esté terminando la obra de la salvación, vendrá aflicción sobre la tierra, y las naciones se airarán, aunque serán mantenidas en jaque para que no impidan la realización de la obra del tercer ángel. En ese tiempo, descenderá la 'lluvia tardía' o un renuevo de la presencia del Señor para dar poder a la voz fuerte del tercer ángel, y preparar a los santos para que puedan subsistir durante el plazo cuando las siete postreras plagas serán derramadas". *Primeras escrituras,* página 85.3.

Esto coloca el derrame de la lluvia tardía con el grito, la revelación de la justicia de Cristo, y la iluminación del mundo con la luz del mensaje del tercer ángel.

Éste es un programa de eventos verdaderamente conmovedores. Fue delineado por el espíritu de profecía desde el mismo principio de nuestro movimiento. Y entonces para despertarnos a su gran importancia, se nos dió un mensaje muy solemne e impresionante en cuanto a los mismos eventos que se nos dieron después del Congreso memorable de 1888:

1. *Un tiempo pleno de acontecimientos.*

[*Los días en que vivimos están llenos de peligro"]* Las señales de la venida del fin están aumentando, y los eventos que han de suceder serán de carácter más terrible que cualquiera que se haya visto en el mundo.

2. *Comienza el fuerte pregón.*

[*El tiempo de prueba está delante de nosotros porque el grito en alta voz del tercer*

5. El mensaje de 1888

ángel ya ha comenzado en la revelación de la justicia de Cristo, el Redentor, que perdona los pecados. Este es el comienzo de la luz del ángel cuyo resplandor llenará la tierra entera.]

   3. La preparación esencial para mantenerse firmes en el tiempo de prueba.

[Si vas a mantenerte fiel durante el tiempo de prueba, tienes que conocer *a Cristo y obtener el obsequio de su justicia,* imputada al pecador arrepentino.]

   4. El mensaje que ha de predicarse.

[Hay una obra que cumplir en la tierra similar a la que ocurrió en el derramamiento del Espíritu Santo en los días de los primeros discípulos, cuando ellos *predicaron a Jesús crucificado.* Muchos se convertirán en un día, pues el mensaje será predicado con poder.]

[*El tema que atrae el corazón del pecador es Cristo, y Él crucificado.* En la cruz del calvario, Jesús se revela al mundo con amor sin paralelo. *Preséntalo así a las multitudes hambrientas,* y la luz de su amor cambiará a los hombres de la oscuridad hacia la luz, de la transgresión a la obediencia, hacia la verdadera santidad. Contemplando a Jesús en la cruz del calvario despierta la conciencia a reconocer el horroroso carácter del pecado, como ninguna otra cosa lo puede hacer.]

[Cristo no se presentó en conexión con la ley como un sumo sacerdote fiel y misericordioso que ha sido tentado en todo de la misma manera que nosotros, aunque sin pecado. Él no se ha presentado ante el pecador como el sacrificio divino. Su obra como sacrificio, sustituto, y garantía se ha presentado en una manera casual y fría, pero esto es lo que el pecador necesita saber. *Es Cristo en su plenitud como un salvador perdonador de pecados* que el pecador debe conocer. El amor sin paralelo de Cristo, por medio de la agencia del espíritu Santo, traerá convicción y conversión al corazón endurecido.]

   5. El poder que da eficiencia a la predicación.

[La obra del *Espíritu Santo* es inmensurablemente grandioso. *Éste es el origen del poder y la eficiencia que viene al obrero* de Dios. El Espíritu Santo es el consolador, como la presencia personal de Cristo al alma.]

[Cuando la tierra se ilumine con el resplandor de Dios, veremos una obra similar al que se cumplió cuando los discípulos, *llenos del espíritu Santo,* proclamaron el poder de el Salvador resucitado.]

Cristo nuestra justicia

[*La revelación de Cristo por el espíritu Santo* les trajo (a los discípulos) el sentido de poder y majestad, y ellos le extendieron las manos hacia Él diciendo, "Yo creo". Así fue en el tiempo de la lluvia temprana pero la lluvia tardía será más abundante. El salvador de hombres será glorificado, y la tierra será iluminada con los rayos brillantes de su justicia.] —*Las últimas cinco citas son de la Review and Herald,* noviembre 22 y 29, 1892. El título del artículo es: "Los Peligros y Privilegios de los Últimos Días". (Véase el apéndice páginas 107-111).

Se puede ver que todos estos eventos están asociados y ocurriendo al mismo tiempo. Puestos en su orden natural, este es el orden:

1. La revelación y el recibo de la fe en la justicia de Cristo.

2. El obsequio de la lluvia tardía.

3. El imparto de gran poder a los recipientes.

4. El crecimiento del mensaje del tercer ángel hasta ser el "grito en voz alta".

5. La iluminación de la tierra con "el resplandor de las rayas de Justicia".

Es evidente que el empiezo de todos estos eventos es al mismo tiempo. La aparición de una es la señal para que todos aparezcan.

Ahora marquen la declaración positiva:

[El fuerte pregón del tercer ángel ya ha empezado en la revelación de la justicia de Cristo, el Redentor que perdona los pecados. Éste es el comienzo de la luz del ángel cuyo resplandor llenará al mundo entero.] *Review and Herald,* noviembre 22, 1892.

Esto fue dicho en 1892. ¿Qué fue lo que marcó la nueva o fresca revelación de la justicia de Cristo y el principio del grito en alta voz? Como la cita anterior afirma, fue la revelación de la justicia de Cristo que se presentó en el Congreso de Mineápolis.

Estas manifestaciones importantes fueron ordenadas por Dios para terminar su obra en la tierra. Cuando empezaron, marcaron el comienzo de la obra final. Ese lugar, es ahora, se alcanzó en 1888.

Esta es una conclusión tremenda, ¿pero que otra conclusión puede alcanzarse con las afirmaciones ante nosotros? ¿Por qué sería esta conclusión increíble? Creemos que estas afirmaciones son verdaderas. Hemos buscado su cumplimiento. El

5. El mensaje de 1888

tiempo que hemos esperado el cumplimiento ha sido largo y ansioso. Alguien será el testigo del cumplimiento. ¿Por qué nosotros no podemos ver y participar en él?

¿No deberíamos buscar afanosamente lo que impide la rapidez en el cumplimiento de su obra?

Capítulo seis

El mensaje del tercer ángel en verdad

UNA PREGUNTA seria surgió de algunos que oyeron el mensaje de la justicia por la fe presentado en el Congreso de Mineápolis. ¿Cuál es la relación de este mensaje con el mensaje del tercer ángel? En su perplejidad, un número de ellos le escribieron a Elena G. White para que ella expresara su punto de vista sobre esta pregunta.

En cuanto a esta pregunta y a su respuesta, tenemos su declaración aquí:

[Varios me han escrito preguntándome si el mensaje de justificación por la Fe es el mensaje del tercer ángel, y yo respondí: 'Es el mensaje del tercer ángel en verdad'.] *Review and Herald*, abril, 1890.

Hay más en esta afirmación que una respuesta breve, clara y positiva. Tiene un sentido vital y profundo. Suena una solemne advertencia que solicita a cada creyente en el mensaje del tercer ángel en una forma inteligente y ferviente. Hagamos un estudio cuidadoso de esta declaración.

Afirma que la justificación por la fe es el mensaje del tercer ángel en verdad. Las palabras "en verdad" quieren decir, *de hecho, en realidad, en cierto*. Eso quiere decir que el mensaje de justificación por la fe y el mensaje del tercer ángel tienen el mismo propósito, alcance, y resultado.

La justificación por la fe es la manera en que Dios salva a los pecadores. Es su manera de convencer a los pecadores de su culpa, su condenación, y de su condición completamente perdida. También es la manera en que Dios anula la culpa librándolos de la condenación de su ley divina, y dándoles una condición nueva y recta delante de Él y su santa ley. La justificación por la fe es la manera en que Dios cambia a los hombres y mujeres débiles, pecaminosos, y derrotados, a ser cristianos fuertes, justos, y victoriosos.

6. El mensaje del tercer ángel en verdad

Ahora, si es verdad que la "justificación por la fe es el mensaje del tercer ángel en verdad", — de hecho, en realidad, — entonces tiene que ser que el entendimiento y aceptación genuina del mensaje del tercer ángel está diseñado a cumplir la obra completa de justificación por la fe en quienes lo reciben. Que este es su propósito, es evidente por las consideraciones siguientes:

1. El gran mensaje en tres partes de Apocalipsis 14, llamamos "el mensaje del tercer ángel", es "el evangelio eterno". Apocalipsis 14.6 (NVI).

2. El mensaje anuncia solemnemente que "ha llegado la hora de su juicio".

3. Amonesta que todos que han de encontrarse con Dios en su gran tribunal para ser juzgados por su santa ley, "que teman a Dios y denle gloria," y "Adoren el que hizo el cielo, la tierra, el mar y los manantiales". Verso 7.

4. El resultado, o frutos, de este mensaje de amonestación es el desarrollo de un pueblo de quien se puede declarar: "! En esto consiste la perseverancia de los santos los cuales obedecen los mandamientos de Dios y se mantienen fieles a Jesús". Verso 12.

En todo esto tenemos los hechos de justificación por la fe. El mensaje es el evangelio de salvación del pecado, la condenación, y la muerte. El juicio trae hombres y mujeres cara a cara con la ley de justicia, por la cual serán probados. Debido a su culpa y condenación, ellos se les advierte que teman y adoren a Dios. Esto requiere una convicción de culpa, arrepentimiento, confesión, y renunciación. Esto es el fundamento del perdón, la limpieza, y la justificación. Los que entran en esta experiencia han forjado en sus caracteres la dulce y bella gracia de la paciencia, que en esta época de irritabilidad y enojo ardiente, está destruyendo la paz, gozo, y seguridad de la raza humana. ¿Qué es esto sino la justificación por la fe? La palabra declara, "ya que hemos sido justificados mediante la fe, "tenemos paz con Dios por medio de nuestro señor Jesucristo". Romanos 5.1.

Además, estos creyentes "obedecen los mandamientos de Dios". Han experimentado un cambio maravilloso, de odiar y violar la ley de Dios, a amar y obedecer sus preceptos justos. Su estado ante la ley ha cambiado. Su culpa se ha cancelado. Su condenación se absolvió y la sentencia de muerte se anuló. Aceptando a Cristo como su Salvador ellos recibieron su justicia y su vida.

Esta transformación asombrosa se puede cumplir solamente con el poder y la gracia de Dios. Se cumple solamente por aquellos que reciben a Cristo como su sustituto, su seguridad, y su Redentor. Así se dice que "guardan la fe de Jesús". Esto revela el secreto de su experiencia profunda y rica. Se aferran a la fe de Jesús, la fe por el cual Él triunfó sobre los poderes de la oscuridad.

[Cuando el pecador cree que Cristo es su Salvador personal, entonces de acuerdo con sus promesas infalibles, Dios perdona su pecado y lo justifica completamente. El alma arrepentida percibe que su justificación viene porque Cristo, como su sustituto y seguridad, murió por él, y es su expiación y justicia.] *Review and Herald,* noviembre 4, 1890.

Como ya hemos dicho, encontramos en las experiencias de aquellos que triunfan en el mensaje del tercer ángel todos los hechos de la justificación por la fe. Por esta razón, es cierto que la justificación por la fe es "el mensaje del tercer ángel en verdad".

Aquí sería bueno llamar la atención al hecho de que tanto la justificación por la fe y el mensaje del tercer ángel son el evangelio de Cristo en verdad. Esto es aparente en la afirmación del apóstol Pablo, quien declaró que el "evangelio pues es poder de Dios para la salvación de todos los que creen… En el evangelio se revela la justicia que proviene de Dios, la cual es por fe de principio a fin". Romanos 1.16, 17.

Los hechos aquí presentados son estos:

1. El Evangelio es una manifestación del poder de Dios obrando, rescatando pecadores de sus pecados, y sembrando en ellos su propia justicia.

2. Pero esto se hace solamente para los que creen.

3. Esto es siendo justo por fe.

4. Y este es el propósito de ambos, el mensaje de justificación por la fe y el mensaje del tercer ángel.

¿Entonces, cuál es la lección importante que se puede aprender de la afirmación que estamos examinando? ¿Cuál es la advertencia que suena? Claramente lo siguiente:

Todos los que aceptan el mensaje del tercer ángel, entran en una experiencia de justificación por la fe. Revelan a Cristo en ellos. Conocen por experiencia propia la obra de regeneración. Tienen la seguridad que han sido renacidos del cielo y que han pasado de la muerte a la vida. Saben que su culpa está cancelada, y que han sido rescatados de la condenación de la ley. Y así están listos para presentarse ante el tribunal de Cristo. Saben por experiencia victoriosa que aceptaron, y se mantienen, por la fe

6. El mensaje del tercer ángel en verdad

de Jesús. Esta fe les capacitó a obedecer los mandamientos de Dios.

No tener esta experiencia, será perder la virtud vital, real, y redentora del mensaje del tercer Ángel. Sin esta experiencia, el creyente tendrá solamente la teoría, las doctrinas, las formas y actividades del mensaje. Eso sería un error horrible y fatal. La teoría, las doctrinas, y aún las actividades más sinceras del mensaje no pueden salvar del pecado, ni preparar el corazón para encontrarse con Jesús en el juicio.

Es en cuanto al peligro de hacer este error fatal que nos advierte. Formalismo, (teniendo la forma de conocimiento de la verdad en la ley, sin tener una experiencia viviente en Cristo, es la roca escondida que ha naufragado miles de personas que profesan ser seguidores de Cristo. Éste es el peligro por el cuál estamos amonestados seriamente.

Pero hay más que una amonestación en estas palabras. Hay una apelación también, para entrar en comunión con Cristo Jesús nuestro Señor. Se nos llama hacia las alturas de la experiencia cristiana. Hay seguridad que cuando somos justificados por fe, tenemos paz con Dios, y podemos regocijarnos continuamente en la esperanza de la gloria de Dios. "Esta esperanza no nos defrauda, porque Dios ha derramado su amor en nuestro corazón por el Espíritu Santo que nos ha dado". Romanos 5.1-5.

Si todos que hubiésemos escuchado tanto, la amonestación como el llamado, cuando fue presentado en esa rara pero impresionante manera en el Congreso de 1888, ¡Qué incertidumbres se hubieran eliminado, que inquietud, derrotas, y pérdidas se hubieran evitado! ¡Qué luz, bendiciones, triunfos, y progreso hubieran ocurrido! Pero gracias sean dadas a nuestro Dios que nos ama con un amor eterno. No es demasiado tarde ni aún ahora, para responder de todo corazón tanto a la amonestación como también al llamado, y recibir los beneficios incalculables.

Cristo nuestra justicia

Parte III

Un estudio del alcance del tema

[Una llave pequeña puede abrir una cerradura complicada y una puerta grande. Esa puerta puede conducir a un edificio grandísimo con bellezas y riquezas invaluables.]

—Pierson

Capítulo siete

Una verdad fundamental y comprensiva

EN LOS capítulos anteriores el tema de justicia por la fe se consideró, principalmente de un aspecto histórico. Se incluyó el tiempo, el lugar, y la manera en que el Señor escogió traer a su pueblo cara a cara con la verdad fundamental y vital del evangelio, con el propósito de conceder fuerza, poder, y expansión a la proclamación del mensaje del tercer ángel que se había confiado a ellos. Ahora empezamos un análisis del tema en sus aspectos más comprensivos, tal como se presentó en los escritos del espíritu de profecía.

El Congreso de Mineápolis finalizó con las mentes de los delegados en un estado parcial de incertidumbre y confusión en cuanto al mensaje de justificación por la fe como se había presentado. Pero la presentación de esta verdad vital, con toda su agitación, discusión, y perplejidad que causó, no fue en vano. Inició nuevas ideas y estudios en cuanto al gran tema de la justificación por la fe, y muchos fueron guiados a tener un aprecio mejor y más rico del Salvador como sustituto y seguridad. Entre las mayores bendiciones que siguieron del Congreso fueron las instrucciones abundantes que el Señor envió a su pueblo por medio del espíritu de profecía en cuanto a nuestro Señor y Salvador Jesucristo, y cómo vivir la vida de Él por la fe. Esta instrucción es realmente iluminante.

Vale la pena notar que después del Congreso de Mineápolis, el espíritu de profecía se revelo en los siguientes libros escritos por E. G. White:

"El camino a Cristo" en 1892.

"El discurso maestro de Jesucristo" en 1896.

"Palabras de vida del Gran Maestro" en 1900.

"El ministerio de curación" en 1905.

"Los hechos de los apóstoles" en 1911.

Cristo nuestra justicia

Todos los que han leído estos libros, saben bien que el tema dominante es Cristo, su vida victoriosa como ser humano, su sacrificio redentor en la cruz, y como Jesús puede ser nuestra sabiduría, nuestra justicia, nuestra santificación, y redención.

Además de estos libros muy espirituales, E. G. White nos envió muchos mensajes por medio de la *Review and Herald,* que contienen la instrucción más clara y util en cuanto al tema de Justicia por la fe. Todos estos tienen valor inestimable para la iglesia. Iluminan el gran problema de redención en todas sus fases.

Al estudiar más profundamente el tema la justificación por la fe, como se presenta en el espíritu de profecía, es importante que haya un claro entendimiento de todo su alcance. Ésta no es una doctrina de intento limitado ni de pocas consecuencias. No es un tema en el cual uno puede o no familiarizarse y terminar con buenos resultados. La justificación por la fe en su sentido mayor, abarca cada verdad fundamental y vital del evangelio. Empieza con el estado moral cuando el hombre fue creado, y cuenta con:

1. La ley por la cual el hombre debe vivir.

2. La transgresión de la ley.

3. El castigo por la transgresión.

4. El problema de la redención.

5. El amor del Padre y del Hijo que hacen posible la redención.

6. La justicia en aceptar un sustituto.

7. La naturaleza de la expiacion.

8. La encarnación.

9. La vida de Cristo sin mancha.

10. La muerte del Hijo de Dios como nuestro sustituto.

11. El entierro, la resurrección, y la ascensión.

12. La seguridad dada por el Padre de una sustitución satisfactoria.

13. La venida del Espíritu Santo.

14. El ministerio de Jesús en el santuario celestial.

7. Una verdad fundamental y comprensiva

15. La parte que se requiere del pecador para que pueda ser redimido.

16. La naturaleza de la fe, el arrepentimiento, la confesión, y la obediencia.

17. El sentido y experiencia de la regeneración, la justificación, y la santificación.

18. La necesidad y el lugar del Espíritu Santo y la Palabra de Dios de realizar en los hombres lo que la cruz hizo posible.

19. La victoria sobre el pecado por medio de la morada interna de Cristo.

20. El lugar de las obras en la vida del creyente.

21. El lugar de la oración, en recibir, y en mantener la justicia de Cristo.

22. La culminación y la liberación en el regreso del Redentor.

Esta es una gran colección de verdades incluidas en la frase corta: "justificación por la fe". Pierson dijo: "Una llave pequeña puede abrir la cerradura complicada de una puerta grande, y esa puerta puede conducir a un vasto edificio con bellezas y riquezas invaluables". La frase corta, "justificación por la fe", abre la puerta a todas las riquezas invaluables y la gloria del evangelio en Cristo Jesús nuestro Señor.

Vale la pena ahora, anotar algunas de las expresiones encontradas en los escritos del espíritu de profecía que sirven para introducir o proveer un marco apropiado para esta verdad hermosa:

Contiene credenciales divinas

[El mensaje presente, la justificación por la fe, es un mensaje de Dios. Contiene las credenciales divinas, porque su fruto es para santidad.] *Review and Herald,* septiembre 3, 1889.

Un pensamiento valioso

[La idea de que la justicia de Cristo se nos imputa, no por algún mérito nuestro, sino como un regalo de Dios, parece ser un pensamiento valioso.] *Review and Herald,* septiembre 3, 1889.

Cristo nuestra justicia

Melodías dulcísimas

[Las melodías más dulces que provienen de labios humanos son, — la justificación por la fe, y la justicia de Cristo.] *Review and Herald,* abril 4, 1895.

Es una perla blanca y pura

[La justicia de Cristo es una perla blanca y pura que no tiene defecto, mancha, ni culpa. Esta justicia puede ser nuestra.] *Review and Herald,* agosto 8, 1899.

En el sentido verdadero, la justificación por la fe no es una *teoría*. Es una *experiencia*, un cambio vital que ocurre en el creyente en Cristo. Le da al pecador un estado nuevo delante de Dios. Es la esencia del cristianismo.

[La sustancia y la suma de todo el contenido de la gracia cristiana, y la experiencia están en creer en Cristo. Es conocer a Dios y a su Hijo a quien Él envió. La religión significa que Cristo permanece en el corazón, y donde Él está, el alma continúa en su actividad espiritual, creciendo siempre en gracia hacia la perfección.] *Review and Herald,* mayo 24, 1892.

Perder la vista de esta maravillosa verdad fundamental, es perder lo que es vital en el plan de la redención.

Capítulo ocho

El peligro mortal del formalismo

ENTRETEJIDO en todas las instrucciones que el espíritu de profecía da en cuanto a la importancia de recibir, experimentar y proclamar la verdad de la justificación por la fe, encontramos amonestaciones impresionantes en cuanto al gran peligro del formalismo.

La justificación por la fe no es formalismo. Las dos cosas son directamente opuestas. La justificación por la fe es una experiencia, una realidad. Implica una transformación completa de la vida. El que entra en esta nueva vida, siente una contrición profunda y hace una confesión sincera, rechazando el pecado. Con su divino Señor, ama la justicia y odia la iniquidad. Siendo justificado y considerado justo por la fe, tiene paz con Dios. Es una criatura nueva. Lo viejo pasó, y lo nuevo llegó.

El formalismo es muy diferente. Es de la cabeza en lugar del corazón, y cuenta con lo externo. Termina con la teoría de la religión. No penetra más profundo que la forma y la apariencia. Es como la sal que no tiene sabor. Es una religión sin gozo y sin amor, porque no trae paz, seguridad, ni victoria. El formalismo nace y crece de un corazón natural en donde tiene su raíz. Es una de las maldades sutiles y extensas la cual el Redentor vino a arrancar y eliminar del corazón humano.

El formalismo siempre ha sido un peligro real para la Iglesia. Un escritor cristiano se refiere a este peligro sutil como sigue:

[El corazón humano ama el evangelio externo. Puede tomar la forma de cultura, moralidades, servicios y ritos, o de ortodoxia y filantropía. Estas y tales cosas se hacen nuestros ídolos y confianza. Estas toman el lugar de la fe en el Cristo viviente. No es suficiente que los ojos de nuestro corazón hubieran visto una vez a nuestro Señor, o que en otros días hubiéramos tenido el renuevo del Espíritu Santo. Es posible olvidar y remover aquel que nos llama en la gracia de Cristo. Con pocos cambios en la forma de nuestra vida religiosa, la realidad del gozo interno en Dios, y el compañerismo del Espíritu, pueden desaparecerse.

El evangelio del formalismo puede nacer y crecer en el terreno más evangélico, y en las iglesias más establecidas. Aunque se trata de prohibir o restringirlo, sabe cómo penetrar en las formas más simples de alabanza y las doctrinas más seguras. La defensa de los artículos de confesión construidos en oposición, no pueden impedir su entrada, y a veces sirven para encubrirlo y fortalecerlo. Como el apóstol dice, nada sirve sino una nueva creación. La vida de Dios en las almas humanas se sostiene por la energía de su Espíritu, renovada perpetuamente, y siempre procediendo del Padre y del Hijo. "Lo que ahora vivo en el cuerpo, lo vivo por la fe en el Hijo de Dios, quien me amó y dio su vida por mí." Gálatas 2.20 (NVI). Esta es la verdadera ortodoxia. La vitalidad de su fe personal en Cristo mantuvo a Pablo salvo de error, fiel en su voluntad y su intelecto hacia el evangelio.] —G. G. Findlay, en su exposición de "La epístola de Gálatas" *(Expositors Bible)* páginas 42 y 43.

Las advertencias del espíritu de profecía cuentan con este peligro en sus muchas fases, como las citas siguientes indican:

El formalismo en la predicación

[Muchos predican la palabra cuando ellos mismos no tienen fe en ella, ni tampoco obedecen sus enseñanzas. No se han convertido, ni santificado. Si vamos a pasar la prueba, tenemos que tener piedad en la vida y anhelar la inspiración de la cruz del Calvario. Entonces Dios abrirá nuestros ojos para que veamos que no podemos contar con éxito en ninguna obra para el Maestro, si no estamos conectados con Cristo. Si realmente somos colaboradores con Dios, entonces no tendremos una religión muerta o científica, sino que nuestros corazones estarán infundidos con un poder viviente, el espíritu de Jesús.] —*Review and Herald,* enero 31, 1893

[Muchos presentan las doctrinas y las teorías de nuestra fe pero su presentación es como sal sin sabor, pues el Espíritu Santo no está obrando en su ministerio sin fe. No han abierto el corazón para recibir la gracia de Cristo. No conocen como funciona el Espíritu. Son como harina sin levadura, a la cual le faltan los principios activos, y fallan en ganar almas para Cristo. No aceptan la justicia de Cristo, la cual es una vestidura sin usar, una plenitud desconocida, y una fuente sin probar.] —*Review and Herald,* noviembre 29, 1892

[Queremos pastores que sientan la necesidad de ser colaboradores juntos con Dios, que anden adelante para levantar al pueblo a un conocimiento espiritual de la plenitud entera de Cristo. Queremos pastores que se eduquen a sí mismos en reverente comunión con Dios, en sus cuartos, para que sean hombres de poder en la oración. La piedad se está degradando a una forma muerta, y es necesario fortalecer las cosas que todavía quedan y que están muriendo.] —*Review and Herald,* mayo 24, 1892.

[Una persona puede predicar sermones agradables y entretenidos, y a la vez estar

8. El peligro mortal del formalismo

lejos de Cristo en su experiencia religiosa. Puede estar elevado al ápice de la grandeza humana, y nunca haber tenido la experiencia de la obra interna de gracia que transforma el carácter. Tal persona está engañada por su familiaridad y conexión con las verdades sagradas del evangelio que han alcanzado el intelecto, pero nunca entraron en el santuario interior del alma. Tenemos que tener más que una creencia intelectual en la verdad.] —*Review and Herald,* mayo 6, 1890.

[Si pudiéramos ahora dejar los sentimientos fríos y tradicionales que impiden el progreso, veríamos a la obra de salvar almas en una luz totalmente diferente.] —*Review and Herald,* mayo 6, 1890.

La teoría de la verdad no es suficiente

[Nuestras doctrinas pueden ser correctas. Podemos odiar la doctrina falsa, y no aceptar a los que no están de acuerdo con los principios verdaderos. También podemos trabajar sin descanso, pero aún esto no es suficiente. No es suficiente creer en la teoría de la verdad. Presentar esta teoría a los incrédulos no nos hace testigos de Cristo.] —*Review and Herald,* febrero 3, 1891.

[El problema con nuestra obra es que hemos estado satisfechos con presentar una teoría fría de la verdad.] —*Review and Herald,* mayo 28, 1889.

[Cuánto más poder habría hoy en la predicación de la palabra, si la predicación fuera menos de teorías y argumentos humanos, y mucho más de las lecciones de Cristo, y sobre la santidad práctica.] —*Review and Herald,* enero 7, 1890.

La única manera en que la verdad tiene valor para el alma

[La verdad no tiene valor para ningún alma a no ser que llegue al santuario interior y santifique al alma. La piedad se degenera y la religión se convierte en un sentimentalismo superficial, a no ser que la reja del arado de la verdad penetre profundamente en el corazón.] —*Review and Herald,* mayo 24, 1892.

[Un conocimiento teórico de la verdad es esencial. Pero el conocimiento de la verdad más grande no nos puede salvar. El conocimiento tiene que ser práctico… Hay que traer la verdad adentro del corazón, santificándolo y limpiándolo de toda sensualidad terrenal en la vida más privada. El templo del alma tiene que limpiarse.] —*Review and Herald,* mayo 24, 1887.

"El mayor engaño en el tiempo de Cristo, consistía en creer que un mero asentimiento con la verdad constituía justicia. En toda experiencia humana, se ha demostrado que un conocimiento teórico de la verdad es insuficiente para salvar el alma. No produce los frutos de la justicia. Una estimación ardiente por lo que se llama verdad teológica, a menudo acompaña al odio de la verdad genuina manifestada en la vida. Los capítulos más sombríos de la historia están cargados con el recuerdo de crímenes cometidos por fanáticos religiosos. Los fariseos se llamaban hijos de Abrahán y se jactaban de poseer los oráculos de Dios; pero estas ventajas no los preservaron del egoísmo, la malicia, la codicia de ganancias, y la más baja hipocresía. Se creían los mejores religiosos del mundo, pero lo que ellos llamaban la ortodoxia los condujo a crucificar al Señor de la gloria."

"Aún subsiste el mismo peligro. Muchos dan por sentado que son cristianos simplemente porque aceptan ciertos dogmas teológicos. Pero no han hecho penetrar la verdad en la vida práctica. No la han creído ni amado; por lo tanto, no han recibido el poder y la gracia que provienen de la santificación de la verdad. Los hombres pueden profesar creer en la verdad; pero esto no los hace sinceros, bondadosos, pacientes y tolerantes, ni les da aspiraciones celestiales; es una maldición para sus poseedores, y por la influencia de ellos es una maldición para el mundo." -*El Deseado de todas las gentes* 275.3

[Los tremendos asuntos de la eternidad demandan de nosotros algo más que una religión imaginaria. Requieren algo más que una religión de palabras y formas donde la verdad se mantiene en el atrio exterior para ser admirada como una flor. Demandan algo más que una religión sentimental que, desconfía de Dios cuando vienen las pruebas y dificultades. La santidad no consiste en una profesión, sino en levantar la cruz y hacer la voluntad de Dios.] —*Review and Herald,* julio 7, 1904.

[En la vida de muchos que tienen sus nombres en los registros de la iglesia no hay un cambio genuino. La verdad se mantiene en el atrio exterior. No hay una conversión genuina ni obra de gracia positiva en el corazón. El deseo de hacer la voluntad de Dios está basado en sus propias inclinaciones, no en una convicción profunda del Espíritu Santo. Su conducta no está en armonía con la ley de Dios. Profesan aceptar a Cristo como su Salvador, pero no creen que Él les dará la victoria sobre sus pecados. No tienen un conocimiento personal del Salvador viviente, y sus caracteres revelan muchas manchas.] —*Review and Herald,* mayo 21, 1908.

"Nuestra esperanza ha de quedar constantemente fortalecida por el conocimiento de que Cristo es nuestra justicia…. Las opiniones deficientes que tantos han sostenido acerca del exaltado carácter y oficio de Cristo han estrechado su experiencia religiosa y han impedido grandemente su progreso en la vida divina. La religión personal está en un nivel muy bajo entre nosotros como pueblo. Hay mucha forma, mucha maquinaria, mucha religión de la lengua; pero algo más profundo y sólido debe penetrar en nuestra experiencia religiosa…. Lo que necesitamos es conocer por experiencia a Dios y el poder de su amor como se revelan en Cristo…. Por los méritos de Cristo, por su justicia que nos es imputada por la fe, debemos alcanzar la per-

8. El peligro mortal del formalismo

fección del carácter cristiano." *Testimonios para la iglesia,* Tomo 5, páginas 693-695 (escrito en 1880).

La religión legalista, fría y religión sin Cristo

[Una religión legalista y fría nunca puede llevar almas a Cristo, porque es una religión sin Cristo, y sin amor.] —*Review and Herald,* marzo 20, 1894.

[La sal salvadora es el primer amor, el amor de Jesús, el oro probado en el fuego. Cuando esto se omite de la experiencia religiosa, Jesús no está incluido. La presencia de Jesús como la luz del sol, no está ahí. ¿Entonces, cual es el valor de la religión? Vale como la sal que perdió su sabor. Es una religión sin amor. Entonces hay esfuerzos, sustituyendo lo que falta con actividades y ocupándose con fervor sin Cristo.] —*Review and Herald,* febrero 9, 1892.

Una religión formal careciente de fe salvadora

[Las grandes pretensiones, las formas, y las ceremonias, por lo impresionantes que sean, no forman un corazón bueno y un carácter puro. El amor verdadero hacia Dios es un principio activo, una agencia purificadora.... La nación judía ocupaba la posición más elevada. Edificaron murallas altas y grandes para aislarse de la asociación con el mundo pagano. Se representaron a sí mismos como el pueblo especial y fiel, favorecido por Dios. Pero Cristo presentó esa religión como careciendo de fe salvadora.] —*Review and Herald,* abril 30, 1895.

[Es posible ser un creyente formal, y ser hallado falto y perder la vida eterna. Es posible practicar algunas de las instrucciones bíblicas, y ser considerado como un cristiano, y al final perecer por falta de los requisitos esenciales que constituyen un carácter cristiano.] —*Review and Herald,* enero 11, 1887.

[El registrar su nombre en el credo de una iglesia no tiene valor si el corazón no ha cambiado... Las personas pueden ser miembros de una iglesia, trabajando con fervor, cumpliendo sus obligaciones año tras año, y aún no estar convertidos.] —*Review and Herald,* febrero 14, 1899.

[Hay una forma de religión que no es nada más que egoísmo. Disfruta de los placeres mundanales. Está satisfecha contemplando la religión de Cristo, pero no conoce nada de su poder salvador. Aquellos que poseen esta religión consideran al pecado con poca seriedad porque no conocen a Jesús. Mientras están en esta condición, consideran el deber muy livianamente.] —*Review and Herald,* mayo 21, 1908

Cristo nuestra justicia

[Duele mucho ver la incredulidad que existe en los corazones de muchos que profesan ser seguidores de Dios. Tenemos las verdades más preciosas que se han cometido a mortales, y la fe de aquellos que han recibido éstas verdades debería corresponder a su grandeza y valor.] —*Review and Herald,* marzo 5, 1889

[Hay muchos que no se sienten adversos a sufrir, pero no ejercen una fe simple y viviente. Dicen que no entienden lo que quiere decir, tomar a Dios en su palabra. Tienen una religión de formas y observancias externas.] —*Review and Herald,* marzo 5, 1889.

"Todos los que lucen los ornamentos del santuario, pero que no están vestidos de la justicia de Cristo, serán vistos en la vergüenza de su desnudez." {*Testimonios a la iglesia,* Tomo 5, 76.2}

[Las cinco vírgenes insensatas tenían lámparas (esto quiere decir que tenían un conocimiento de las verdades en las escrituras), pero no tenían la gracia de Cristo. Día tras día hacían sus ceremonias y sus deberes externos, pero su servicio no tenía vida. Carecía de la justicia de Cristo. La luz de su justicia no brillaba en sus corazones y mentes. No tenían el amor de la verdad que se conforma a la vida y al carácter de Cristo. El aceite de gracia no estaba mezclado con sus esfuerzos. Su religión era una cáscara seca sin una semilla verdadera. Se aferraron a las formas de las doctrinas, pero estaban engañadas en su vida cristiana llena de egoísmo, y dejaban de aprender las lecciones en la escuela de Cristo, las cuales las hubieran hecho sabias para la salvación.] —*Review and Herald,* marzo 27, 1894.

El peligro de depender en planes y métodos humanos

[Mientras que estemos encapsulados en el egoísmo espiritual, y confiemos en ceremonias, dependiendo de reglas rígidas, no podremos hacer la obra para este tiempo.] —*Review and Herald* mayo 6, 1890.

[Las observancias de formas externas nunca podrán satisfacer el gran anhelo del alma humana. Una mera profesión en Cristo no es suficiente para prepararnos para la prueba del juicio.] —*Review and Herald,* enero 25, 1887

[No olvidemos que mientras las actividades aumentan, y tenemos éxito en cumplir la obra, hay peligro que nuestra confianza se ponga en los planes y métodos humanos. Habrá una tendencia a orar menos, y tener menos fe.] —*Review and Herald,* julio 4, 1893.

[Las cosas espirituales no se han discernido. La apariencia y la maquinaria se exaltan como poderosas mientras que las virtudes de la bondad verdadera, la piedad noble, y la santidad del corazón, se consideran secundarias. Lo que debería ser primero

8. El peligro mortal del formalismo

se ha puesto último y de mínima importancia.] —*Review and Herald,* febrero 27, 1894.

[Cuando las oraciones y los ayunos se practican en un espíritu de autojustificación, son abominables para Dios. La asamblea solemne para alabanza, las ceremonias religiosas, la humillación externa, el sacrificio impuesto, todos proclaman al mundo el testimonio que el que hace estas cosas se considera a sí mismo justo. Estas cosas llaman la atención a la persona que hace estos deberes rigurosos, diciendo: Esta persona merece al cielo. Pero todo es una decepción. Las obras no nos compran una entrada al cielo… La fe en Cristo será la manera en que el espíritu correcto motivarán al creyente. Toda bondad y todos los pensamientos celestiales proceden de aquel que mira a Jesús, "el iniciador y perfeccionador de nuestra fe". *Hebreos 12.2 NVI*] —*Review and Herald,* marzo 20, 1894.

[Hay muchos que imaginan que las observancias externas son suficientes para la salvación, pero el formalismo y la participación rigurosa en servicios religiosos fallarán en traer la paz de Dios que sobrepasa todo entendimiento. Solamente Jesús nos puede traer paz.] —*Review and Herald,* noviembre 18, 1890.

[Aquellos que no tienen una experiencia diaria en las cosas de Dios no actúan con sabiduría. Pueden tener una religión legalista, una forma de piedad, una apariencia de luz en la iglesia. Toda la maquinaria — mucha de ella de invención humana — puede parecer que funciona bien, pero, la iglesia puede estar tan de despojada de la gracia de Dios como las montes de Gilboa del rocío y la lluvia.] —*Review and Herald*, enero 31, 1893.

Capítulo nueve

La gran verdad perdida de vista

Q UE UNA verdad tan fundamental y abarcante como la justicia imputada, (la justificación por la fe), se pudiera perder de vista por muchos que profesan ser piadosos y a quienes se les ha confiado con el mensaje celestial final para un mundo moribundo, parece increíble. Elena G White nos dice que tal es el hecho.

[La doctrina de la justificación por la fe se perdió de vista por muchos que han profesado creer en el mensaje del tercer ángel.] *Review and Herald,* agosto 13, 1889.

[No hay uno en cien que entienda por sí mismo, la verdad bíblica sobre este tema (la justificación por la fe) que es tan necesaria para nuestro bienestar presente y eternal] *Review and Herald,* septiembre 3, 1889

[Por los últimos 20 años una influencia perversa y sutil ha estado guiando a personas para que admiren a otras personas, y desamparen a su compañero celestial. Muchos se han apartado de Cristo. Fallaron en apreciar a aquel que declaró, "les aseguro que estaré con ustedes siempre hasta el fin del mundo". (Mateo 28.20, NVI). Hagamos todo lo posible para redimir el pasado.] *Review and Herald,* febrero 18, 1904.

Veinte años antes de 1904 incluye el mensaje de la justificación por la fe en 1888, con los mensajes preparatorios que lo precedieron inmediatamente. ¿Qué dicen, colegas? ¿No haremos todo en nuestro poder para redimir el pasado? Puede ser que al regresar de la fiesta hayamos abandonado a Jesús, y nos es necesario regresar penosos en busca de Él, como lo hicieron José y María en su regreso de Jerusalén. Elena G White dijo que: "La razón por la cual nuestros predicadores realizan tan poco es porque no andan con Dios. Él se encuentra a un día de camino de la mayor parte de ellos". *Testimonios para la iglesia,* Tomo 1, página 383.1.

Es una cosa individual. Pausemos y consideremos: ¿Es el Salvador una presencia viviente y continua en mi vida? ¿O se encuentra Él a un día de camino, y el resultado de mi vida y mi obra solamente es una *memoria* de su presencia?

La advertencia escudriñadora que vino por medio del espíritu de profecía en cuanto al gran número de Adventistas del Séptimo Día que perdieron la "doctrina de

9. La gran verdad perdida de vista

la justificación por la fe," se escribió en 1889. El cambio que el tiempo ha hecho en la proporción del pueblo que no entiende o acepta esta verdad preciosa, nadie puede decir. Lo que sí sabemos es que cada creyente en el mensaje del tercer ángel debe tener ahora un concepto claro de la doctrina de la justificación por la fe y una experiencia fundamental en la gran transacción.

El significado de perder esa verdad

Perder de vista esta verdad preciosa de la justificación por la fe es perder el propósito supremo del evangelio, que resultará en un desastre para el individuo, no importa lo bien intencionado o fervoroso que sea en cuanto a las doctrinas, ceremonias, actividades, o cualquier otra cosa relacionada con la religión. La amonestación por la servidora del Señor es clara:

[*A menos que el poder divino se incluya en la experiencia del pueblo de Dios*, teorías falsas e ideas erróneas captarán sus mentes. Muchos perderán a Cristo y su justicia de su experiencia, y de su fe, sin poder o vida. No tendrán la experiencia en la vida diaria de sentir el amor de Dios en su corazón, y si no se arrepienten con fervor serán como aquellos que representan a los Laodiceos, y serán vomitados de la boca de Dios.] *Review and Herald,* septiembre *3, 1889.*

A un nivel lamentable, el pueblo de Dios fracasó en traer al poder divino a su experiencia, y el resultado predicho se puede ver:

      1. Doctrinas falsas e ideas erróneas cautivaron sus mentes.

      2. Muchos abandonaron a Cristo y su justicia de su experiencia.

      3. La fe de muchos no tiene poder ni vida.

      4. No hay una experiencia viviente del amor de Dios diaria en el corazón.

Además, se nos dice que mucho se ha perdido de la causa de Dios por falta de ganar esa experiencia viviente del poder divino, la justificación por la fe:

[El pueblo de Dios ha perdido mucho al no mantener la sencillez de la verdad como es en Cristo. Esta sencillez se ha desplazado con ceremonias, formalidades, y actividades. El orgullo y la tibieza hicieron al pueblo de Dios una ofensa delante de Él. La jactancia y confianza en sí mismo han escondido la pobreza y desnudez del alma. Pero con Dios todas las cosas están al descubierto y evidentes.] *Review and Herald,* agosto 7, 1894.

Así ha venido una decepción muy extensa y fatal:

[¿En qué consiste la miseria, y la desnudez, de aquellos que se sienten ricos y sin falta de nada? Es la falta de la justicia de Cristo. Debido a su justicia propia se los describe como vestidos con ropa sucia. Sin embargo, en esta condición ellos se hacen la ilusión que están vestidos con la justicia de Cristo. ¿Pudiera haber una decepción más grande?] *Review and Herald,* agosto 7, 1894.

Martín Lutero temía que esta gran verdad fuera desfigurada

El temor que se perdiera la preciosa doctrina de la justicia por la fe que resultó en la gran Reforma parece haber sido dominante en la mente de Lutero. Captó una visión de los eventos futuros que iban a ocurrir en el mundo.

[Si la creencia en la justificación se perdiese, entonces toda doctrina cristiana verdadera se perdería… El que se desvíe de esta justicia cristiana caerá en la justicia de la ley. En otras palabras, el que pierde a Cristo, cae en la confianza de sus propias obras. Si descuidamos la creencia en la justificación, lo perdemos todo. Así que es muy necesario, más que cualquier otra cosa, que enseñemos y repitamos esta creencia continuamente. Aunque la aprendamos y la entendamos bien, nadie la comprende perfectamente o la cree de todo corazón. Así que temo que esta doctrina será desfigurada y oscurecida cuando muramos. El mundo volverá a llenarse de errores y horrible oscuridad antes de que venga el día final.] *Luther on Galatians,* páginas 136, 148, 149, 402.

Así como Dios llamó a Lutero de la oscuridad de la medianoche en el siglo XVI, y colocó en sus manos la antorcha de verdad-"EL JUSTO VIVIRÁ POR LA FE"-, así también Dios tiene sus portaestandartes para mantener en alto los fundamentos básicos de Salvación en conexión con la "verdad presente" en los varios niveles de proclamación del último mensaje evangélico a todo el mundo. Es tiempo que, hoy, demos a esta verdad vital nuestro más ferviente y cuidadoso estudio. Debiera ser tan claramente entendido como un pecador puede pasar a ser un santo, como nos han enseñado a comprender como Adán, un hombre sin pecado, pasó a ser un pecador. La justificación por la fe debe ser tan claro en nuestras mentes como la enseñanza en cuanto a la ley, el sábado, la venida del Señor, y toda otra doctrina revelada en las Escrituras. Pero muchos no la entienden, porque no la aprecian ni la han experimentado como se debe. Por lo tanto estas personas fracasan en presentar la doctrina en sus enseñanzas. Éste fracaso se reconoció y se señaló en 1889. Leamos:

[Los pastores no han presentado a Cristo en su plenitud al pueblo, ni en la iglesia ni en los campos, y el pueblo no tiene una fe inteligente. No se les han enseñado como se debiera, que Cristo es para ellos tanto salvación como justicia.] *Review and Herald,* septiembre *3, 1889.*

9. La gran verdad perdida de vista

El deber de los pastores de presentar el mensaje de justicia por la fe

Los párrafos siguientes ofrecen consejos excelentes y muy apropiados para los pastores y otros obreros. A la vez señalan el triste hecho de que el centro de atracción, Jesús, es secundario por muchos, mientras las teorías y argumentos se les dan el primer lugar. ¡Qué error más fatal!

[Los obreros en la causa de la verdad deben presentar la justicia de Cristo, no como luz nueva, sino como una luz preciosa que por algún tiempo se ha perdido de vista por el pueblo. Debemos aceptar a Cristo como nuestro Salvador personal, y Él nos imputa la justicia de Dios en Cristo.] *Review and Herald,* marzo 20, 1894.

[No permita que su mente se desvíe del tema importante de la justicia de Cristo por un estudio de teorías. No se imagine que el acto de ceremonias, de la observancia de formas externas, le convertirá en un heredero del cielo. Queremos mantener la mente con determinación en el tema en el cual estamos trabajando. Ahora es el día de preparación para el Señor, y debemos someter nuestros corazones a Dios para que puedan ser suavizados y subyugados por el Espíritu Santo.] *Review and Herald,* abril 5, 1892.

[El gran centro de atracción, Jesucristo, no se puede dejar fuera del mensaje del tercer ángel. Muchos que han estado trabajando en la obra para este tiempo, han hecho a Cristo secundario, y las teorías y argumentos han tomado el primer lugar.] *Review and Herald,* marzo 20, 1894.

[El misterio de la encarnación de Cristo, la historia de sus sufrimientos, su crucifixión, su resurrección, y su ascensión, abren para toda la humanidad el maravilloso amor de Dios. Esto le imparte poder a la verdad.] *Review and Herald,* junio 18, 1895.

[Las iglesias pequeñas se me presentaron como despojadas de alimento espiritual y están ya a punto de morir. Dios te dice: "¡Despierte! Reaviva lo que aún es rescatable, pues no he encontrado que tus obras sean perfectas delante de mi Dios". Apocalipsis 3.2 (NVI).] *Review and Herald,* marzo 4, 1890.

"Sé que nuestras iglesias mueren por falta de enseñanza acerca de la justicia por la fe y otras verdades". *Obreros evangélicos,* página 316.

[El tema que atrae el corazón del pecador es Cristo y Él crucificado. En la cruz del calvario Jesús revela al mundo un amor sin paralelo. Preséntalo así a las multitudes hambrientas, y la luz de su amor ganará a personas de la oscuridad a la luz, de transgresión a la obediencia y verdadera santidad. Contemplando a Jesús en la cruz del calvario despierta la conciencia al carácter atroz del pecado como ninguna otra cosa lo puede hacer.] *Review and Herald,* noviembre 22, 1892.

Cristo nuestra justicia

[Cristo crucificado — háblalo, óralo, cántalo, y Él quebrantará y ganará corazones. Frases formales y presentaciones de temas argumentativos producen poco bien. El amor de Dios que descongela los corazones de los obreros será reconocido por aquellos que escuchan. Las almas tienen sed por el agua de vida. No permitas que se vayan vacíos. Revela el amor de Cristo hacia ellos. Llévalos a Jesús y Él les dará el pan de vida y el agua de salvación.] *Review and Herald,* junio 2, 1903.

Podemos terminar este capítulo con la afirmación siguiente que sirve como resumen del mensaje del espíritu de profecía y nos da la clave de nuestra investigación:

[Si por la gracia de Cristo su pueblo se convierte en vasijas nuevas, Él las llenará con vino nuevo. Dios dará luz adicional y las viejas verdades serán recuperadas, y repuestas en la estructura de la verdad. Dondequiera vayan los obreros, triunfaran. Como embajadores de Cristo, han de escudriñar las escrituras para buscar las verdades escondidas debajo de la basura de error. Cada rayo de luz recibido se debe comunicar a otros. Solamente un interés prevalecerá. Un tema dominará a los demás, — CRISTO NUESTRA JUSTICIA.] *Review and Herald,* Diciembre 23, 1890.

Capítulo diez

La provisión de una restauración completa

CUANDO el pecador entra por la puerta de la fe a una vida nueva en Cristo Jesús, encuentra que no solo han sido perdonados sus pecados de la transgresión de la ley, sino que una restauración completa ha sido prevista. Además, se ha hecho provisiones en Cristo para el mantenimiento de lo que se ha restaurado. Se entra en un nivel de vida nuevo y más alto, que está en armonía con la dirección y la seguridad siguiente:

[Debemos unirnos con Cristo. Hay una reserva de poder disponible, y *no debemos permanecer en la cueva oscura, y fría de incredulidad*, o perderemos los rayos brillantes de la justicia de Cristo.] *Review and Herald,* enero 24, 1893.

[Debemos *superar la atmósfera* helada en el cual hemos vivido, y en la cual Satanás quisiera rodear nuestras almas, y respirar la atmósfera sagrada del cielo.] *Review and Herald,* mayo 6, 1890.

La historia completa de redención y restauración se presenta claramente por la pluma inspirada en las hermosas afirmaciones siguientes:

[Mediante Cristo, tanto la restauración como la reconciliación se proveen para el hombre.

La separación hecha por el pecado se une con la cruz del calvario.

El precio del rescate se ha pagado completamente por Jesús, con el cual el pecador es perdonado, y la justicia de la ley se mantiene.

Todos los que creen que Cristo es el sacrificio expiatorio de sus pecados pueden venir y recibir perdón; pues mediante los méritos de Cristo, la comunicación está abierta entre Dios y el hombre.

Dios me puede aceptar como su hijo, y yo puedo declarar con gozo que Él es mi padre amante.

Debemos centrar nuestras esperanzas del cielo solamente en Cristo, pues Él es nuestro sustituto y seguridad.

Cristo nuestra justicia

Hemos transgredido la ley de Dios, y por los hechos de la ley ninguno puede ser justificado. Los mejores esfuerzos que el hombre puede hacer con sus propias fuerzas, no valen nada para cumplir la ley justa y sagrada que él transgredió. Mediante la fe en Cristo, él puede obtener la justicia del hijo de Dios como completamente suficiente.

Cristo cumplió las demandas de la ley en su naturaleza humana.

El cargó la maldición de la ley por el pecador, e hizo expiación a favor de él, para que todo el que cree en Él no se pierda, sino que tenga vida eterna.

La fe genuina se apropia de la justicia de Cristo, y el pecador es hecho un vencedor con Cristo, porque él participa en la naturaleza divina, y así la humanidad y la divinidad se combinan.

El que trata de alcanzar el cielo con sus propias obras en obedecer la ley, está atentando lo imposible.

El hombre no puede salvarse sin la obediencia, pero sus obras no vienen de él; "pues Dios es quien produce en ustedes tanto el querer como el hacer para que se cumpla su buena voluntad". Filipenses 2.3 (NVI).] *Review and Herald,* julio 1, 1890.

Repasemos este mensaje que despliega en la mente humana los hechos sublimes del evangelio de nuestro Señor y Salvador Jesucristo:

1. Una restauración completa está provista para pecadores. El sacrificio expiatorio de Cristo en la cruz no solamente ha hecho posible la reconciliación con Dios, sino que también hizo posible que cada pecador escoja y acepte este regalo, la restauración del estado glorioso de Adán antes de su pecado.

2. El gran abismo creado por el pecado, que nos separa tan lejos de Dios y el cielo, se cierra por la cruz del calvario. ¡Qué razón para la alabanza y la adoración!

3. El gran problema de perdonar al pecador y al mismo tiempo mantener la justicia de la santa ley de Dios está resuelto. Cristo se convirtió en nuestro substituto. Él tomó nuestro lugar, y nos rescató de la condenación y la muerte.

4. Por su sacrificio expiatorio, Cristo abrió la comunicación entre Dios y el pobre hombre pecador perdido, para que podamos venir a Él para recibir perdón, limpieza, y salvación de todo pecado.

5. Solamente Cristo es nuestro substituto y seguridad. Todas nuestras esperanzas se centran en Él. No hay otro nombre. No hay otra manera.

6. Por causa de la transgresión humana de la ley, nadie será justificado por las obras de la ley, pero mediante la fe en Cristo, el hombre puede obtener la justicia de Cristo que es completamente suficiente.

7. Al apropiar la justicia de Cristo por la fe somos vencedores con Cristo, y así,

10. La provisión de una restauración completa

participantes de la naturaleza divina.

8. Al tratar de alcanzar el cielo por las obras de la ley, estamos atentando lo imposible.

9. Aunque no podemos ser salvos sin obediencia, la obediencia no viene de nosotros. Tiene que ser la obediencia de Cristo obrando en y a través de nosotros, produciendo en nosotros tanto el querer como el hacer para que se cumpla su buena voluntad.

Justicia imputada y después impartida

La justicia por la fe en todo su significado, se entiende en la definición siguiente:

[La justicia por la cual somos justificados es imputada. La justicia por la cual somos santificados es impartida. La primera es nuestro derecho al cielo; la segunda es nuestro mantenimiento espiritual para el cielo.] *Review and Herald,* junio 4, 1895.

La justicia imputada, por la cual el hombre es perdonado de la culpa, es el fundamento sobre el cual la justicia impartida se obsequia, la cual santifica la conducta de la vida y provee nuestro mantenimiento espiritual. En cuanto a la operación de estos principios vivientes, tenemos las siguientes citas:

[Cristo es nuestro sacrificio y seguridad. Se hizo pecado por nosotros, para que nosotros podamos tener la justicia de Dios en Él. Por medio de la fe en su nombre, Él nos imputa su justicia, la cual se convierte en un principio viviente en nuestra vida.] *Review and Herald,* julio 12, 1892.

"Ningún arrepentimiento que no obre una reforma es genuino. La justicia de Cristo no es un manto para cubrir pecados que no han sido confesados ni abandonados; es un principio de vida que transforma el carácter y rige la conducta. La santidad es integridad para con Dios: es la entrega total del corazón y la vida para que revelen los principios del cielo". *El Deseado de todas las gentes,* página 509.2.

[Cristo nos imputa su carácter sin pecado y nos presenta al Padre en su propia pureza. Hay muchos que piensan que es imposible escapar del poder del pecado, pero la promesa es que nos podemos llenar con la plenitud de Dios. Apuntamos demasiado bajo. La marca es mucho más alta.] *Review and Herald,* julio 12, 1892.

[Jesús es nuestro sumo sacerdote en el cielo. ¿Qué está haciendo? Está haciendo intercesión y redención para su pueblo que cree en Él. Por medio de su justicia imputada, son aceptados por Diós como aquellos que manifiestan al mundo su lealtad a Dios obedeciendo todos sus mandamientos.] *Review and Herald,* agosto 22, 1893.

Cristo nuestra justicia

"En la religión de Cristo, hay una influencia regeneradora que transforma todo el ser, elevando al hombre por encima de todo vicio degradante y rastrero, y alzando los pensamientos y deseos hacia Dios y el cielo. Vinculado al Ser infinito, el hombre es hecho participante de la naturaleza divina. Ya no tienen efecto contra él los dardos del maligno; porque está revestido de la panoplia de la justicia de Cristo". *Consejos para los maestros,* página 50.4.

"Cuando el alma se entrega a Cristo, un nuevo poder se posesiona del nuevo corazón. Se realiza un cambio que ningún hombre puede realizar por su cuenta. Es una obra sobrenatural, que introduce un elemento sobrenatural en la naturaleza humana. El alma que se entrega a Cristo, llega a ser una fortaleza suya, que él sostiene en un mundo en rebelión, y no quiere que otra autoridad sea conocida en ella sino la suya. Un alma así guardada en posesión por los agentes celestiales es inexpugnable para los asaltos de Satanás. Pero a menos que nos entreguemos al dominio de Cristo, seremos dominados por el maligno. Debemos estar inevitablemente bajo el dominio del uno o del otro de los dos grandes poderes que están contendiendo por la supremacía del mundo. No es necesario que elijamos deliberadamente el servicio del reino de las tinieblas para pasar bajo su dominio. Basta que descuidemos de aliarnos con el reino de la luz. Si no cooperamos con los agentes celestiales, Satanás se posesionará de nuestro corazón, y hará de él su morada. La única defensa contra el mal consiste en que Cristo more en el corazón por la fe en su justicia. A menos que estemos vitalmente relacionados con Dios, no podremos resistir los efectos profanos del amor propio, de la complacencia propia y de la tentación a pecar. Podemos dejar muchas malas costumbres y momentáneamente separarnos de Satanás; pero sin una relación vital con Dios por nuestra entrega a Él momento tras momento, seremos vencidos. Sin un conocimiento personal de Cristo y una continua comunión, estamos a la merced del enemigo, y al fin haremos lo que nos ordene". *El Deseado de todas las gentes,* página 291.1.

La evidencia externa de la justicia interna

[La justicia externa es testimonio de la justicia interna. El que es justo por dentro no tiene un corazón duro y sin compasión, sino que día tras día crece en la imagen de Cristo, procediendo de fuerza en fuerza. El que es santificado con la verdad tendrá dominio de sí mismo, y seguirá en las pisadas de Cristo hasta que la gracia se convierta en gloria.] *Review and Herald,* junio 4, 1895.

[Cuando aceptamos a Cristo, las buenas obras aparecerán como evidencias fructíferas que estamos en el camino de vida, que Cristo es nuestro camino, y estamos andando en la senda verdadera que conduce al cielo.] *Review and Herald,* noviembre 4, 1890.

10. La provisión de una restauración completa

[Cuando estamos vestidos con la justicia de Cristo, no vamos a tener apetito por el pecado; porque Cristo estará obrando en nosotros. Es posible que fallemos, pero vamos a odiar el pecado que causó los sufrimientos del Hijo de Dios.] *Review and Herald,* marzo 18, 1890.

"Cuando Cristo está en el corazón, éste se ablandará tanto y se someterá de tal manera al amor por Dios y los hombres que las murmuraciones, las críticas y las contiendas dejarán de existir. Con la religión de Cristo en el corazón, su poseedor ganará una victoria completa sobre las pasiones que quieren alcanzar el dominio". *Testimonios para la iglesia,* Tomo 4, página 603.3.

[Cuando una persona se convierte a Dios, se crea un nuevo sentido moral; y ama las mismas cosas que Dios ama. Su vida está vinculada con la vida de Cristo por la cadena de oro de promesas inmutables. Su corazón anhela a Dios. Su oración es, "Abre mis ojos para que yo contemple las cosas maravillosas de tu ley". En la norma inmutable se refleja el carácter del redentor, y aunque él ha pecado, él no será salvo en sus pecados, pero de sus pecados; pues Jesús es el Cordero de Dios que quita los pecados del mundo.] *Review and Herald,* junio 21, 1892.

Está claro que el hombre no puede ser salvo sin obediencia, pero sus obras no deben ser de sí mismo; Cristo obra en él "tanto el querer como el hacer para que se cumpla su buena voluntad". Filipenses 2.13 (NVI). Cristo llega a ser no solamente el autor sino también, el perfeccionador de nuestra fe.

[Al acercarnos al final del tiempo, la corriente de maldad será más y más decididamente hacia la perdición. Estaremos seguros solo si nos aferramos de la mano de Jesús, mirando constantemente al iniciador y perfeccionador de nuestra fe. Él es nuestro poderoso ayudador.] *Review and Herald,* octubre 7, 1890.

Vestidos con la justicia sin mancha

Aunque la justicia de Cristo es gratis, y provee restauración completa para el pecador; hay algunos que no se apropian de la justicia de Cristo. Es una vestidura que no ha sido usada, una plenitud desconocida, y una fuente no tocada. ¿Cómo puede haber tal falta de aceptación y apropiación del mayor de todos los obsequios?

[Solamente aquellos que están vestidos con la vestidura de su justicia podrán soportar la gloria de su presencia cuando Él aparezca con poder y gran gloria.] *Review and Herald,* julio 9, 1908.

[En el día de la coronación de Cristo, Él no reconocerá como suyo a ninguno que tenga mancha o arruga o cosa semejante. Pero a sus fieles les dará coronas de gloria inmortal. Aquellos que no quieren que Él reine sobre ellos lo verán rodeado por el ejército de los redimidos, cada uno con una bandera diciendo, EL SEÑOR, NUESTRA JUSTICIA.] *Review and Herald,* noviembre 24, 1904.

Capítulo once

Entrando en la experiencia

CONSIDERANDO la entrada en la experiencia de ser justificado por la fe, nos ayuda a notar una pregunta directa y la respuesta positiva en cuanto a la experiencia.

[*¿Qué es la justificación por la fe?* Es la obra de Dios colocando la gloria humana en el polvo, y haciendo para el hombre lo que no es posible que haga para sí mismo. Cuando los hombres ven su propia desnudez, están listos a ser vestidos con la justicia de Cristo.] *Review and Herald,* septiembre 16, 1902.

La experiencia de justificación, o ser considerado justificado, es algo individual entre el alma y Dios. No se puede delegar. Hay solamente una puerta para entrar en esta experiencia.

La puerta de la fe

[La fe es la condición en la cual Dios escogió prometer el perdón a los pecadores, no es que haya alguna virtud en la fe por la cual la salvación es merecida, sino porque la fe puede aferrarse a los méritos de Cristo, el remedio previsto para el pecado.] *Review and Herald,* Noviembre, 4, 1890.

[Cuando estamos vestidos con la justicia de Cristo, no tendremos ningún apetito por el pecado; pues Cristo está obrando en nosotros… La puerta se abrió y ningún hombre la puede cerrar, ni los poderes más altos ni los más bajos. Solamente tu puedes cerrar la puerta de tu corazón para que el Señor no te alcance] *Review and Herald,* marzo 18, 1890.

Al lado de esta *puerta* de fe, el enemigo de toda justicia ha puesto otra puerta, una entrada más amplia y sobresaliente.

Cristo nuestra justicia

La puerta de las obras

Muchos peregrinos en camino a la Canaán celestial pasan inconscientemente por la puerta de las obras en la senda que termina en destrucción, y tarde o temprano encuentran que sus vestiduras hermosas de justicia propia se han convertido en trapos sucios, enteramente inapropiados para la presencia del Rey. De esta clase se dice:

[Muchos se están extraviando a causa de pensar que tienen que escalar al cielo. Piensan que tienen que hacer algo para merecer el favor de Dios. Buscan hacerse mejores por sus propios esfuerzos. Esto nunca lo pueden cumplir. Cristo creó el camino al morir como nuestro sacrificio, al vivir como nuestro ejemplo y al ser nuestro sumo sacerdote. Él declara, "Yo soy el camino, la verdad, y la vida". Si por algún esfuerzo propio pudiéramos avanzar un paso hacia la escalera, las palabras de Cristo no serían verdaderas.] *Review and Herald,* noviembre 4, 1890.

[Hay muchos que sienten que tienen un trabajo muy grande que hacer, antes de venir a Cristo para su salvación. Piensan que Jesús vendrá al último momento de su lucha, y les dará ayuda poniendo el toque final a su trabajo de toda la vida. Les es difícil entender que Cristo es un Salvador completo, y puede salvar, supremamente, a todos los que vienen a Dios mediante Él. Pierden la vista que Cristo mismo es el camino, la verdad, y la vida.] *Review and Herald,* marzo 5, 1889.

¡Que Dios nos ayude a entrar por la puerta correcta y nos llene de la justicia de Cristo! En cada alma es necesario que Dios haga la obra de colocar la gloria humana en el polvo, y hacer para él lo que no es posible que haga por sí mismo.

Reconocimiento de nuestra condición desesperada

Primeramente, para entrar en esta experiencia, el hombre tiene que realizar que su condición es desesperada. Esto se logra por la gracia de Cristo impartida.

[Sin la gracia de Cristo, el pecador está en una condición desesperada. Nada se puede hacer por él, pero por la gracia divina se imparte al hombre poder sobrenatural obrando en la mente, el corazón, y el carácter. Es al impartir la gracia de Cristo que el pecado se puede discernir en su naturaleza odiosa, y finalmente expulsado del templo del alma. Mediante la gracia entramos en compañerismo con Cristo, y estamos asociados con Él en la obra de la salvación.] *Review and Herald,* noviembre 4, 1890.

"Sin la gracia de Cristo, el pecador está en una condición desesperada. Nada se puede hacer por él". El pecador no se puede perdonar a sí mismo. Tampoco puede perdonarle otro pecador. La ley que él transgredió no puede perdonar ni pasar por alto su pecado. No hay nada en este mundo que lo pueda rescatar. Pero por medio de

11. Entrando en la experiencia

la gracia divina, un poder sobrenatural se le imparte al hombre, y obra en la mente, el corazón, y el carácter. ¡Qué iluminante y segura es esta afirmación para el pecador! Mediante la gracia divina, y la gran misericordia y compasión de Dios, el hizo provisión para impartir poder sobrenatural al pecador sin esperanza.

¿Pero qué es el "poder sobrenatural"? Es un poder mayor y más allá del que mora en el hombre. Está más allá de lo que el hombre pueda aferrarse en este mundo. Es "todo poder… en el cielo y la tierra" que Cristo declaró que se le otorgó. Es el poder por el cual hizo milagros durante su ministerio en la tierra.

En cuanto al "poder sobrenatural", las palabras siguientes por el Dr. Philip Schaff merecen consideración:

[Todos los milagros de Cristo son manifestaciones naturales de su persona, que Él hizo con la misma facilidad con la cual hacemos nuestros trabajos ordinarios diariamente… El elemento sobrenatural y milagroso de Cristo no fue un regalo prestado o una manifestación ocasional… Una virtud interna moraba en su persona, y emanaba de Él. Aun el borde de su manto era sanador al tacto, por medio de la fe, que es la unión entre Él y el alma.] *The Person of Christ,* páginas 76, 77.

Éste es el mismo poder sobrenatural que Cristo imparte al hombre y que obra en la mente, el corazón, y el carácter.

Ahora, noten los resultados maravillosos descritos en la cita del espíritu de profecía: Es al impartir la gracia de Cristo que el pecado se puede discernir en su naturaleza odiosa, y finalmente expulsado del templo del alma. Mediante la gracia entramos en un compañerismo con Cristo, y estamos asociados con Él en la obra de la salvación". Así vemos que el "poder sobrenatural" impartido al hombre por la gracia de Cristo, obra en su mente y su corazón, revelándole la naturaleza odiosa del pecado y guiándolo a permitir que esa cosa corrupta sea rechazada por el templo del alma.

El consentimiento y la elección del pecador

Esta obra maravillosa en el corazón por el poder sobrenatural de Cristo no se hace sin el consentimiento y la elección del pecador. Note lo siguiente:

["La fe es la condición por la cual Dios promete el perdón a los pecadores. No significa que hay alguna virtud en la fe, por la cual merecemos la salvación, sino que por la fe nos aferramos a los méritos de Cristo, el remedio provisto para el pecado". La fe presenta la obediencia perfecta de Cristo en lugar de la transgresión del pecador. Cuando el pecador cree que Cristo es su Salvador personal, entonces, de acuerdo con sus promesas infalibles, Dios perdona su pecado y lo justifica gratuitamente. El alma arrepentida se da cuenta que su justificación viene porque Cristo, su sustituto y seguridad, murió por él y es su redención y justicia. *Review and Herald,* noviembre 4, 1890.

Ejercer la fe es nuestra parte en la gran transacción por la cual los pecadores se transforman en santos. Pero recordamos que no hay virtud en la fe que ejercemos. Es decir, no hay virtud en la fe por si sola, ni en el acto de ejercerla. La virtud está toda en Cristo. Él es el remedio previsto para el pecado. La fe es el acto por el cual los pecadores desdichados y desesperados agarran al remedio. La fe presenta la obediencia perfecta de Cristo en lugar de la transgresión y defección del pecador. ¡En verdad este es un pensamiento sublime! Es la ciencia maravillosa de redención en la cual los santos se regocijarán por la eternidad. A la vez es tan sencilla en su operación que hasta el más débil y el más indigno puede entrar en ella completamente.

La fe viviente acompañada por acción

Entrando por la puerta de la fe a la justicia imputada e impartida, incluye más que un mero consentimiento mental a las provisiones. Es el marco de "la fe viviente que obra por amor y que purifica el alma". Para pasar por este portal hay que cumplir con ciertos requerimientos:

1. Hay que dejar de practicar todos los pecados conocidos y dejar de descuidar los deberes conocidos.

[Mientras que Dios puede ser justo y a la vez justificar al pecador por los méritos de Cristo, nadie puede cubrir su alma con las vestiduras de la justicia de Cristo mientras practique pecados conocidos y descuide sus deberes. Dios requiere una entrega del corazón completo, antes que la justificación pueda ocurrir. Para que el hombre pueda retener la justificación, tiene que haber una obediencia continua, por medio de una fe viviente que obra por amor y que purifica el alma.] *Review and Herald,* noviembre 4, 1890.

2. Hay que desear pagar el precio y estar listos para abandonarlo todo.

[La justicia de Cristo es una perla blanca y pura que no tiene defecto, ni mancha, ni culpa. Esta justicia puede ser nuestra. La salvación con sus tesoros inestimables, comprada con sangre, es la perla de gran precio. Se puede buscar y encontrar… En la parábola, el mercader vende todo lo que tiene para obtener una perla de gran precio. Ésta es una hermosa representación de aquellos que

11. Entrando en la experiencia

aprecian la verdad tanto que abandonan todo para poseerla.] *Review and Herald,* agosto 8, 1899.

3. Hay que abandonar por completo los malos hábitos.

[Hay algunos que están buscando, siempre buscando, la buena perla. Pero no abandonan completamente sus malos hábitos. No mueren a sí mismos para que Cristo pueda vivir en ellos. Por eso no encuentran la perla preciosa.] *Review and Herald,* agosto 8, 1899.

4. La voluntad debe ponerse en cooperación con Dios.

[El Señor no ha diseñado que el poder humano fuera paralizado. Cooperando con Dios el poder del hombre puede ser eficiente para el bien. Dios no ha diseñado que nuestra voluntad fuera destruida, pues es por este mismo atributo que cumpliremos la obra que Él nos dio en nuestro hogar y también fuera de el.] *Review and Herald,* Noviembre, 1892.

¡Cuán fervientes y sinceros debiéramos ser siguiendo esta instrucción clara de entrar completamente en la experiencia de ser incluidos y hechos justos, justificados, y santificados por la fe en Cristo! Debemos reconocer nuestra condición desesperada profundamente y fervientemente en cuanto a lo que podamos hacer nosotros. Solamente por la gracia de Dios podemos ser rescatados. ¡Cómo debiéramos estimar la gran verdad que por la divina gracia se nos puede impartir poder sobrenatural! Debemos aceptar enteramente la seguridad que el pecado odioso se puede expulsar del templo del alma. Debemos reconocer que nuestra parte en esta gran transacción es escoger y aceptarla por la fe, cuando hayamos cumplido completamente con las condiciones. Cada día que va y viene debemos rogar humildemente ante el trono de gracia, los méritos y la obediencia perfecta, de Cristo en lugar de nuestras transgresiones y pecados. Haciendo esto, debemos creer y reconocer que nuestra justificación viene porque Cristo, como nuestro sustituto y seguidad, murió por nosotros y es nuestra redención y justicia.

Si por nuestra parte esta instrucción se sigue sinceramente y de todo corazón, Dios hará resultados verdaderos en nuestras vidas. Así que "justificados mediante la fe, tenemos paz con Dios". Romanos 5.1 (NVI). Sentiremos el gozo de la salvación, y día tras día *realmente* conoceremos la victoria que vence al mundo, nuestra fe.

Cristo nuestra justicia

No descansemos hasta que hayamos entrado completamente por la puerta de la fe a la bendita experiencia del perdón, la justificación, la justicia, y la paz en Cristo.

Apéndice

Joyas Adicionales

Cristo nuestra justicia

[Los cristianos son las joyas de Cristo. Deben brillar para Él, mostrando la luz de su hermosura. Su lustre depende del pulido que reciban. Pueden escoger ser pulidos o no. Pero cada uno que se pronuncia digno de un lugar en el templo del Señor, tiene que someterse al proceso de pulimento. Sin el pulimento que viene del Señor, no pueden reflejar más luz que una piedra común…

El Obrador divino pasa muy poco tiempo con materiales inútiles. El pule solamente las joyas preciosas similares a un palacio, cortando los bordes ásperos. Éste proceso es severo y difícil; duele al orgullo humano. Cristo corta profundamente en la experiencia que el hombre, en su autosuficiencia, considera completa, y remueve el orgullo del carácter. El remueve lo que sobra de la superficie, y poniendo la joya a la rueda pulidora le pone presión, removiendo todo lo que es áspero. Entonces, sosteniendo la joya a la luz, el Maestro ve un reflejo de sí mismo, y lo pronuncia digno de un lugar en su tesoro.]

Review and Herald, diciembre 19, 1907.

APÉNDICE
Joyas para el pensamiento
(Citas misceláneas no incluidas en los capítulos anteriores)

Cristo el origen de cada impulso correcto

Cristo revelado por Dios el Padre

[Dios revela a Cristo al pecador, y cuando este ve la pureza del hijo de Dios, no es ignorante del carácter del pecado. La fe en la obra y poder de Cristo crea enemistad hacia el pecado y Satanás. Aquellos, a los que Dios perdona son primeramente penitentes.] *Review and Herald,* abril 1, 1890.

Cristo acerca al pecador hacia sí

[Cristo acerca al pecador con la demostración de su amor en la cruz, suavizando el corazón, impresionando la mente, inspirando contrición y arrepentimiento en el alma.] *Review and Herald,* abril 1, 1890.

[Cristo atrae constantemente a los hombres hacia Él, mientras que Satanás está buscando diligentemente alguna manera, de alejarlos de su redentor.] *Review and Herald*, abril 1, 1890.

"Cuando Cristo los induce a mirar su cruz y a contemplar a Aquel que fue traspasado por sus pecados, el mandamiento se graba en su conciencia. Les es revelada la maldad de su vida, el pecado profundamente arraigado en su alma. Comienzan a entender algo de la justicia de Cristo, y exclaman: «¿Qué es el pecado, para que haya exigido tal sacrificio por la redención de su víctima? ¿Fueron necesarios todo este amor, todo este sufrimiento, toda esta humillación, para que no pereciéramos, sino que tuviésemos vida eterna»"? *El camino a Cristo* página 27.1

Cristo da el arrepentimiento

[El arrepentimiento es tanto un don de Cristo como es el perdón, y no se encuentra en el corazón en donde Jesús no ha estado obrando. No podemos arrepentirnos sin que el Espíritu de Cristo despierte la conciencia, así como no podemos ser perdonados sin Cristo.] *Review and Herald*, abril 1, 1890.

Cristo nuestra justicia

Cristo, el origen del poder

[Cristo es el origen de cada impulso bueno. Él es el único que puede despertar en el corazón enemistad hacia el pecado. Él es el origen de nuestro poder si queremos ser salvos. No hay alma que pueda arrepentirse sin la gracia de Cristo.] *Review and Herald*, abril 1, 1890.

Cristo la personificación de la justicia

"La justicia de Dios está personificada en Cristo. Al recibirlo, recibimos la justicia. *El discurso maestro de Jesucristo,* página 20.4.

Cristo, el comerciante celestial

[Jesús va de puerta en puerta, parando frente al templo de cada alma, proclamando, "Mira que estoy a la puerta y llamo". Como un comerciante celestial, abre sus tesoros y dice, "te aconsejo que de mí compres oro refinado por el fuego, para que te hagas rico; ropas blancas para que te vistas y cubras tu vergonzosa desnudez". El oro que él ofrece es sin amalgama, más precioso que el de Ophir; porque es la fe y el amor. La ropa blanca que nos invita ponernos es su propia vestidura de justicia; y el colirio para la unción es el aceite de su gracia, que da vista espiritual al alma en ceguedad y oscuridad para que pueda distinguir entre las obras del espíritu de Dios y el espíritu del enemigo. "Abre la puerta" dice el gran comerciante, el poseedor de riquezas espirituales y "haz negocios conmigo. Soy yo, tu Redentor que te aconsejo que compres de mí".] *Review and Herald,* agosto 7, 1894.

[El Señor toca a la puerta de tu corazón, queriendo entrar, para impartirte riquezas espirituales a tu alma. Él quiere ungir los ojos ciegos, para que descubran el carácter santo de Dios en su ley, y entiendan el amor de Cristo, que es verdaderamente oro refinado en el fuego.] *Review and Herald,* febrero 25, 1890.

La raíz de la justicia

"La justicia tiene su raíz en la piedad. Nadie puede seguir llevando, en medio de sus compañeros, una vida pura, llena de fuerza, si no está escondida con Cristo en Dios. Cuanto mayor sea la actividad entre los hombres, tanto más íntima debe ser la comunión del corazón con el cielo". *El ministerio de curación,* página 97.2.

"La rectitud tiene su raíz en la piedad. Ningún ser humano puede ser justo si no tiene fe en Dios ni mantiene una conexión vital con Él. Tal como las flores del campo tienen sus raíces en la tierra y tal como deben recibir el aire, el rocío, las lluvias y la luz del sol, así también nosotros debemos recibir de Dios los elementos que sostienen la vida del alma. Sólo recibimos poder para obedecer sus mandamientos cuando nos

APÉNDICE

transformamos en participantes de su naturaleza. Ningun hombre, elevado o humilde, con experiencia o inexperto, podrá mantener constantemente una vida pura e impresionante delante de sus semejantes a menos que su vida este ligada con Cristo por Dios. Mientras mayor sea la actividad que se realice entre los hombres, más estrecha será la comunión del corazón con Dios". *Testimonios para la iglesia,* Tomo 7, página 185.2.

Estableciendo como obra la gracia divina

[Aunque el hombre necesita ayuda divina, no quiere decir que la actividad humana no es esencial. Se requiere fe por parte del hombre; porque la fe obra por medio del amor y purifica el alma… Él ha dado a cada uno su tarea; y cada obrero verdadero da luz al mundo, porque él está unido con Dios, y Cristo y los ángeles celestiales, en la gran tarea de la salvación de los perdidos. En su asociación divina, él llega a ser más y más inteligente en la obra de Dios. Estableciendo como obra la gracia divina, el creyente llega a ser grande espiritualmente.] *Review and Herald,* noviembre 1, 1892.

El antídoto para el formalismo

"La justicia que Cristo enseñaba es la conformidad del corazón y de la vida a la voluntad revelada de Dios. Los hombres pecaminosos pueden llegar a ser justos únicamente al tener fe en Dios y mantener una relación vital con él. Entonces la verdadera piedad elevará los pensamientos y ennoblecerá la vida. Entonces las formas externas de la religión armonizarán con la pureza interna del cristiano. Entonces las ceremonias requeridas en el servicio de Dios no serán ritos sin significado como los de los fariseos hipócritas". *El Deseado de todas las gentes,* página 276.2.

El poder externo al hombre

[Para ganar la victoria sobre cada ataque del enemigo, tenemos que aferrarnos a un poder más allá de nosotros mismos. Tenemos que mantener una conexión constante y viviente con Cristo, el cual tiene el poder de dar la victoria a cada alma que mantiene una actitud de fe y humildad.] *Review and Herald,* julio 8, 1892.

[El hombre necesita un poder más alto que sí mismo para restaurarse a la semejanza de Dios.] *Review and Herald*, noviembre 1, 1892.

Ese poder es Cristo

[La fe se aferra a la virtud de Cristo con firmeza.] *Review and Herald*, noviembre 1, 1892.

Ánimo para el temeroso

"Todos los que sienten la absoluta pobreza del alma, que saben que en sí mismos no hay nada bueno, pueden hallar justicia y fuerza recurriendo a Jesús… Nos invita a cambiar nuestra pobreza por las riquezas de su gracia…No importa cuál haya sido la experiencia del pasado ni cuán desalentadoras sean las circunstancias del presente, si acudimos a Cristo en nuestra condición actual—débiles, sin fuerza, desesperados—, nuestro Salvador compasivo saldrá a recibirnos mucho antes de que lleguemos, y nos rodeará con sus brazos amantes y con la capa de su propia justicia." *El discurso maestro de Jesucristo,* página 13.2.

Los intereses mundanos están subordinados

"Para aceptar la invitación a la fiesta del Evangelio, debían subordinar sus intereses mundanos al único propósito de recibir a Cristo y su justicia. Dios lo dio todo por el hombre, y le pide que coloque el servicio del Señor por encima de toda consideración terrenal y egoísta. No puede aceptar un corazón dividido. El corazón que se halla absorto en los afectos terrenales no puede rendirse a Dios". *Palabras de vida del Gran Maestro,* página 176.2.

"No debemos ocuparnos en ningún negocio ni buscar placer alguno que pueda impedir el desarrollo de su justicia en nuestro carácter y en nuestra vida. Cuanto hagamos debe hacerse sinceramente, como para el Señor". *El discurso maestro de Jesucristo,* página 84.3.

Temas oportunos para estudiar

La obra intercesora de Cristo

[La obra intercesora de Cristo y los grandes misterios santos de redención, no son estudiados ni comprendidos por el pueblo que afirma tener la luz antes de todos en la

APÉNDICE

faz de la tierra. Si Jesús estuviera en la tierra personalmente, Él se dirigiría a un grupo grande que afirma tener la verdad presente, con las palabras que dirigió a los fariseos: "Ustedes andan equivocados porque desconocen las Escrituras y el poder de Dios". Mateo 22.29 (NVI).] *Review and Herald*, febrero 4, 1890.

El plan de salvación

[Al acercarnos al tiempo del fin, ...Debiéramos dedicarnos al estudio del plan de la salvación, para que podamos apreciar cuan alto ha valorado Jehová la salvación del hombre.] *Review and Herald,* octubre 7, 1890.

La fe

[Hay verdades conocidas, y aún nuevas para añadir a los tesoros de nuestro conocimiento. No entendemos ni ejercemos la fe como debiéramos. ¡Cristo nos dio ricas promesas en cuanto al otorgamiento del Espíritu Santo a su iglesia, pero cuan poco se aprecian estas promesas! Dios no nos pide adorar y servirle con el uso de los medios usados en años anteriores. Dios requiere un servicio más alto ahora que nunca antes. Requiere el mejoramiento de los dones celestiales. Nos ha dirigido a un lugar donde necesitamos medios mejores y más altos de los que jamás hemos necesitado.] *Review and Herald*, febrero, 25, 1890.

La ley de Dios en relación con la justicia por la fe

La ley el espejo

[Cuando el pecador contempla la justicia de Cristo en los preceptos divinos, exclama, "La ley del Señor es perfecta, que convierte el alma". Cuando el pecador es perdonado por sus transgresiones a través de la fe en Él, el pecador declara con el salmista, "¡Cuán dulces son a mi paladar tus palabras! ¡Son más dulces que la miel a mi boca! Son más deseables que el oro, más que mucho oro refinado; son más dulces que la miel, la miel que destila del panal". Esto es conversión.] *Review and Herald,* junio 21, 1892.

La ley demanda rectitud

[La ley demanda rectitud, y el pecador le debe esto a la ley; pero es incapaz de rendirla.] *Review and Herald,* mayo 5, 1901.

[A pesar de la profesión del labio y la voz, si el carácter no está en armonía con la ley de Dios, los que profesan santidad dan malos frutos.] *Review and Herald*, mayo 5, 1901.

La única provisión que cumple las demandas de la ley

[No es posible que el hombre cumpla las demandas de la ley de Dios solamente con fuerza humana. Sus ofrendas, sus obras, todas están manchadas con pecado. Se ha provisto un remedio en el Salvador, el cual le ofrece al hombre la virtud de Su mérito, y lo hace colaborador con la gran roca de la Salvación. Cristo es justicia, santificación, y redención para los que creen en Él, y siguen sus pisadas.] *Review and Herald*, febrero 4, 1890.

"Por su perfecta obediencia ha hecho posible que cada ser humano obedezca los mandamientos de Dios. Cuando nos sometemos a Cristo, el corazón se une con su corazón, la voluntad se fusiona con su voluntad, la mente llega a ser una con su mente, los pensamientos se sujetan a él; vivimos su vida. Esto es lo que significa estar vestidos con el manto de su justicia. Entonces, cuando el Señor nos contempla, Él ve no el vestido de hojas de higuera, no la desnudez y deformidad del pecado, sino su propia ropa de justicia, que es la perfecta obediencia a la ley de Jehová". *Palabras de vida del Gran Maestro,* página 253.3.

[La única manera en la cual el pecador puede obtener la justicia es por la fe. Por la fe puede traer los méritos de Cristo a Dios, y el Señor pone la obediencia de su Hijo a la cuenta del pecador. La justicia de Cristo se acepta en lugar de los fracasos humanos, y Dios recibe, perdona, y justifica al alma creyente y penitente. Él lo trata como si fuera justo, y lo ama tal como a su Hijo. Así es como la fe se considera justicia; y el alma perdonada continúa de gracia en gracia, y de luz a una luz más grande. Puede decir con gozo: "Él nos salvó, no por nuestras propias obras de justicia sino por su misericordia. Nos salvó mediante el lavamiento de la regeneración y de la renovación por el Espíritu Santo, el cual fue derramado abundantemente sobre nosotros por medio de Jesucristo nuestro Salvador". Tito 3.5, 6 (NVI).] *Review and Herald,* noviembre 4, 1890.

[Cristo dio su vida como un sacrificio, no para destruir la ley de Dios, no para crear una norma menor, sino para mantener la justicia, y dar al hombre una segunda oportunidad. Nadie puede obedecer los mandamientos de Dios sin el poder de Cristo. El cargó en su cuerpo los pecados de toda la humanidad, e imputa su justicia a cada hijo creyente.] *Review and Herald*, mayo 7, 1901.

[La ley no tiene el poder de perdonar al transgresor, pero lo dirige hacia Cristo Jesús, quien le dice, "tomaré tu pecado y lo cargaré si me aceptas como tu sustituto y garantía. Vuelve a ser leal, y yo te imputaré mi justicia".] *Review and Herald*, mayo 7, 1901.

APÉNDICE

"La muerte de Cristo fue un argumento irrefutable en favor del hombre. La penalidad de la ley caía sobre Él que era igual a Dios, y el hombre quedaba libre de aceptar la justicia de Dios y de triunfar del poder de Satanás mediante una vida de arrepentimiento y humillación, como el Hijo de Dios había triunfado. Así Dios es justo, al mismo tiempo que justifica a todos los que creen en Jesús". *El conflicto de los siglos,* página 492.3.

El plan divino en la presentación de las demandas de la ley

[Si tuviéramos el espíritu y poder del mensaje del tercer ángel, presentaríamos la ley y el evangelio juntos, porque van de la mano.] *Review and Herald*, septiembre 3, 1889.

[Muchos sermones predicados sobre las demandas de la ley han sido sin Cristo, y esta falta ha hecho que la verdad sea ineficiente en convertir a las almas.] *Review and Herald,* febrero 3, 1891.

[Al presentar las demandas obligatorias de la ley, muchos han fracasado en describir el amor infinito de Cristo. Aquellos que tienen verdades tan grandes y reformas tan significantes, para presentar al pueblo, no han descubierto el valor del sacrificio expiatorio como una expresión del gran amor de Dios hacia el hombre. El amor hacia Jesús, y el amor de Jesús hacia los pecadores, se han abandonado de la experiencia religiosa de aquellos encargados de predicar el Evangelio, y ellos mismos se han ensalzado en lugar del Redentor de la humanidad.] *Review and Herald*, febrero 3, 1891.

La iglesia remanente en peligro grave
Condiciones señaladas

Parálisis espiritual

[En todas nuestras iglesias hay aquellos que están paralizados espiritualmente. No manifiestan una vida espiritual.] *Review and Herald,* mayo 24, 1892.

Somnolencia espiritual

[Hay que despertar a la iglesia dormida, de su somnolencia espiritual, para que reconozca los deberes importantes que se han quedado sin hacer. El pueblo no ha entrado en el lugar santo, donde Jesús está haciendo expiación por sus hijos.] *Review and Herald,* febrero 25, 1890.

Cristo nuestra justicia

Sueño espiritual

[Aquello que Satanás causó qué los hombres hicieran en el pasado, lo causará otra vez, si es posible. El enemigo de Dios y del hombre, engañó a la iglesia primitiva. La apostasía entró entre las líneas de aquellos que profesaban amar a Dios; y hoy, a no ser que el pueblo de Dios despierte de su sueño, serán engañados inesperadamente por los mecanismos de Satanás. Entre aquellos que dicen que creen en la pronta venida del Salvador, cuantos han perdido el primer amor, y caído bajo la descripción de la iglesia Laodicea, siendo ni fríos ni calientes. Satanás hará todo lo posible para mantenerlos en un estado de indiferencia y estupor. Que Dios revele a su pueblo los peligros que están por delante, para que despierten de su sueño espiritual, preparen sus lámparas, y se encuentren listos cuando el Novio regrese de la boda.] *Review and Herald,* noviembre 22, 1892.

Ceguera espiritual

[Hay muchos que profesan ser cristianos y esperan el regreso del Señor despreocupados. No se han puesto la vestidura de su justicia. Aunque profesan ser hijos de Dios, no están limpios del pecado. Son egoístas y autosuficientes. Les falta una experiencia con Cristo. No aman a Dios supremamente ni a su prójimo como a sí mismos. No tienen idea de lo que constituye la santidad. No ven sus propios defectos. Están tan ciegos que no disciernen el funcionamiento sutil del orgullo y la iniquidad. Están vestidos con los trapos de auto-justicia, y ceguera espiritual. Satanás ha puesto su sombra entre ellos y Cristo, y no tienen el deseo de estudiar el carácter santo y puro del Salvador.] *Review and Herald,* febrero 26, 1901.

Sequía espiritual

[Necesitamos el Espíritu Santo para así comprender las verdades para este tiempo. Hay una sequía espiritual en las iglesias, y nos hemos acostumbrado a estar satisfechos con nuestra condición delante de Dios.] *Review and Herald,* febrero 25, 1890.

Las iglesias se están muriendo

"Nuestras iglesias mueren por falta de enseñanza acerca de la justicia por la fe y otras verdades". *Obreros evangélicos,* página 316.1.

El peligro de cometer un error terrible

[Si somos autosuficientes, y pensamos que podemos seguir como se nos antoje, y a la vez esperar que vamos a salir bien, encontraremos que hemos hecho un error terrible.] *Review and Herald,* julio 9, 1908.

APÉNDICE

Una obra parcial no es suficiente

[Debemos vaciarnos del yo. Pero esto no es lo único que se requiere, porque cuando renunciamos a nuestros ídolos hay que llenar el vacío. Si el corazón se deja desolado y no se llena, el corazón se queda vacío y barrido, pero sin un invitado que lo ocupe. El espíritu maligno "va y trae a otros siete espíritus más malvados que él, y entran a vivir allí. Así que el estado postrero de aquel hombre resulta peor que el primero".] Mateo 12.45 (NVI).

[Mientras vacías el corazón del yo, debes aceptar la justicia de Cristo. Sujétalo con fe pues hay que tener la mente y el espíritu de Cristo para hacer las obras de Cristo. Si abres la puerta del corazón, Jesús llenará el vacío con el don del Espíritu Santo, entonces serás un predicador viviente en tu hogar, en la iglesia, y en el mundo.] *Review and Herald,* febrero 23, 1892.

[No es suficiente vaciar el corazón; hay que llenar el vacío con el amor de Dios. El alma tiene que estar llena de la gracia del Espíritu de Dios. Es posible abandonar muchos hábitos malos, y aún no estar verdaderamente santificado, porque no tenemos una conexión con Dios.] *Review and Herald,* enero 24, 1893.

La gran necesidad de la iglesia

[La mayor y más urgente de todas nuestras necesidades es un reavivamiento de verdadera santidad entre nosotros. Buscarla debiera ser nuestro primer trabajo. Debe haber un esfuerzo ferviente en obtener la bendición del Señor, no porque Dios no nos quiere ofrecer su bendición, sino porque no estamos preparados para recibirla. Nuestro Padre celestial está más listo para ofrecer su Santo Espíritu a los que se lo piden, que los padres terrenales están para dar buenos regalos a sus hijos. Nos toca a nosotros, por confesión, humillación, arrepentimiento, y oración ferviente, cumplir las condiciones con las cuales Dios nos ha prometido conceder su bendición.]

[Un reavivamiento ocurre solamente como una respuesta a la oración. Cuando el pueblo está tan desprovisto del Espíritu Santo, no puede apreciar la predicación de la palabra pero cuando el poder del Espíritu toca sus corazones, los discursos no serán sin efecto. Guiados por las enseñanzas de la palabra de Dios junto con la manifestación de su Espíritu, y ejerciendo una sólida discreción, los que atienden nuestras reuniones van a ganar una experiencia preciosa. Al regresar a sus hogares van a estar preparados para ejercer una influencia sana.]

Cristo nuestra justicia

[Los pioneros, porta-estandartes, conocían lo que era luchar con Dios en oración, y disfrutar del derramamiento de su Espíritu. Pero éstos individuos están pasando ya del estado de acción. ¿Quiénes van a tomar sus lugares? ¿Cómo está la generación nueva? ¿Están convertidos a Dios? ¿Estamos alertas a la obra en el santuario celestial, o estamos esperando que un poder convincente caiga sobre la iglesia y nos despierte? ¿Esperamos ver un reavivamiento de la iglesia entera? Ese tiempo nunca vendrá.]

[Hay personas en la iglesia que no están convertidas y no se unirán en oración ferviente. Hay que participar en la obra individualmente. Hay que orar más, y hablar menos. La iniquidad abunda y el pueblo tiene que aprender a no estar satisfechos con una forma de santidad sin el espíritu y el poder. Si estamos intentos en escudriñar nuestros corazones, abandonar nuestros pecados, y corregir nuestras tendencias malignas, entonces nuestras almas no serán alzadas en la vanidad. No tendremos confianza en nosotros mismos, sino que tendremos un sentido continuo que nuestra suficiencia viene de Dios.]

[Tenemos mucho más que temer de adentro que de afuera. Los impedimentos a la fuerza y el éxito son mucho más grandes de la iglesia misma que del mundo. Los que no son creyentes tienen el derecho de esperar que los que profesan obedecer los mandamientos de Dios y la fe de Jesús, harán más que cualquier otra clase de personas para promover y honrar, por sus vidas consistentes, por su ejemplo santo, y su influencia activa, la causa que representan. ¡Pero cuán frecuente los que profesan apoyar la verdad son el obstáculo mayor a su adelantamiento! Las creencias falsas, las dudas expresadas, la oscuridad cotizada, motivan la presencia de ángeles malignos, y abren el camino para los engaños de Satanás.]

[Al adversario de las almas no se le es permitido leer los pensamientos de los hombres, pero él es un observador astuto, marcando las palabras y las acciones. Entonces él adapta sus tentaciones a la persona que se pone en su poder. Si nos esforzáramos en reprimir nuestros pensamientos y sentimientos pecaminosos, rehusando expresarlos en palabras o acciones, Satanás sería derrotado. Entonces Satanás no podría preparar sus tentaciones para cada caso particular. ¡Pero cuantas veces el que profesa ser cristiano, abre la puerta al adversario de las almas por su falta de control! Desacuerdos y divisiones que serían una desgracia para cualquier comunidad terrenal, son comunes en las iglesias, porque hay tan poco esfuerzo en controlar los malos sentimientos y reprimir cada palabra que le dé la ventaja a Satanás. En cuanto hay una alienación de sentimientos, el asunto se abre ante Satanás para su inspección, y se le otorga la oportunidad para que lo use con su sabiduría serpentina en dividir y destruir la iglesia.]

[Hay una gran pérdida en cada disensión. Amigos personales de ambos lados toman parte del lado de sus favoritos, y la brecha se hace más ancha. "Una casa dividida entre sí no se mantendrá en pie." Mateo 12.25 (NVI). Acusaciones y recriminaciones ocurren y se multiplican. Satanás y sus ángeles trabajan con esfuerzo para obtener la

APÉNDICE

cosecha de las semillas sembradas así. La gente del mundo observa y se burlan exclamando, "¡Mira cómo estos cristianos se odian! Si esto es religión no la queremos." Entonces se miran a sí mismos y sus caracteres irreligiosos con gran satisfacción. Se confirmen en su impenitencia, y Satanás se jacta con su éxito.]

[El gran engañador ha preparado sus mañas para cada alma que no se ha fortalecido para pruebas ni está protegido con fe viviente y oración constante. Como pastores, como cristianos, debemos trabajar para remover los tropiezos del camino. Tenemos que remover cada obstáculo. Confesemos y abandonemos cada pecado, para que el camino del Señor sea preparado, y Él pueda entrar en nuestras asambleas e impartir su rica gracia. Hay que derrotar al mundo, la carne, y al diablo. No podemos preparar el camino ganando amistad con el mundo, el cual está en enemistad con Dios. Con su ayuda podemos romper la influencia seductiva sobre nosotros y otros. No nos podemos proteger individualmente o como un cuerpo de las tentaciones constantes, de un adversario implacable y determinado, pero con el poder de Jesús lo podemos resistir. Una luz constante puede alumbrar al mundo de cada miembro de la Iglesia. Puede haber y debe haber un retiro de la conformidad con el mundo, rechazando toda apariencia de maldad, para que no haya ocasión ofrecida a los desmentidos. No podemos escapar el reproche; pues vendrá. Tenemos que cuidar que el reproche no sea por nuestros pecados o insensatez, sino para el beneficio de Cristo.]

[No hay nada que Satanás teme más que el pueblo de Dios remueva cada impedimento del camino, para que el Señor derrame su Espíritu sobre una iglesia desalentada y una congregación impenitente. Si Satanás pudiera salirse con la suya, no habría más otro reavivamiento, grande o pequeño, hasta el fin del tiempo. Pero no somos ignorantes de sus métodos. Es posible resistir su poder. Cuando el camino está preparado para el espíritu de Dios, las bendiciones vendrán. Satanás no puede impedir que una lluvia de bendiciones descienda sobre el pueblo de Dios tanto como no puede cerrar las ventanas del cielo para que la lluvia no caiga sobre la tierra. Ni hombres inicuos ni demonios pueden impedir la obra de Dios, ni impedir su presencia de las asambleas de su pueblo, si el pueblo confiesa y rechaza sus pecados con corazones contritos y se acogen de sus promesas con fe. Cada tentación y cada influencia adversa, no importa si es en secreto o visible, puede ser resistida exitosamente, "No será por la fuerza ni por ningún poder, sino por mi Espíritu —dice el Señor Todopoderoso—". Zacarías 4.6 (NVI).]

[Estamos en el gran día de la expiación, cuando nuestros pecados, por confesión y arrepentimiento, se presentan ante el juicio. Ahora Dios no acepta un testimonio débil y sin espíritu de sus pastores. Un testimonio tal no sería la verdad presente. El mensaje para este tiempo debe ser propicio para alimentar la iglesia de Dios. Satanás está tratando de robar este mensaje de su poder, para que el pueblo de Dios no esté preparado para el día del Señor.]

[En 1844 nuestro gran sumo sacerdote entró en el lugar santísimo del santuario celestial, para empezar la obra del juicio investigador. Los casos de los muertos justos se están revisando ante Dios. Cuando esa obra se complete el juicio de los vivos será pronunciado. ¡Cuán importantes y preciosos son estos momentos solemnes! Cada uno tenemos un caso pendiente en la corte celestial. Seremos juzgados de acuerdo con nuestros hechos en el cuerpo. En el servicio típico, cuando la expiación, se hacía por el sumo sacerdote en el lugar santísimo del santuario terrenal se requería que el pueblo afligiera sus almas ante Dios y confesaran sus pecados, para que fuesen expiados y sus pecados borrados. ¿Se requerirá menos de nosotros en el día anti típico de expiación, mientras Cristo intercede por su pueblo en el santuario celestial y la decisión irrevocable y final se pronuncia sobre cada caso?]

[¿Cuál es nuestra condición en este tiempo solemne y temeroso? ¡Qué orgullo prevalece en la iglesia, qué hipocresía, qué decepción, qué amor por la moda, la frivolidad, el placer, y que deseo por supremacía! Todos estos pecados nublan la mente, para que las cosas eternas no se puedan discernir. ¿No deberíamos escudriñar las Escrituras para conocer dónde estamos en la historia del mundo? ¿No deberíamos ser inteligentes en cuanto a la obra que se está cumpliendo a nuestro favor en este tiempo, y la posición que debemos ocupar, como pecadores, mientras la obra de expiación continúa? Si estimamos la salvación de nuestras almas, tenemos que hacer un cambio decidido. Debemos buscar al Señor con penitencia verdadera. Debemos confesar nuestros pecados con una contrición profunda, para que sean borrados.]

[Ya no podemos permanecer en una tierra encantada. Estamos llegando rápidamente al fin de nuestro tiempo de gracia. Cada alma se tiene que preguntar: "¿Cómo estoy delante de Dios? No sabemos cuán pronto nuestros nombres estarán en los labios de Cristo, y nuestros casos decididos finalmente. ¿Cuál serán estas decisiones? ¿Seremos contados con los justos, o enumerados entre los malvados?]

[Iglesia despierta, y arrepienta de tu desliz ante Dios. Es tiempo que el guardián se despierte y suene la trompeta. Éste es un aviso definitivo que tenemos que proclamar. Dios manda a sus siervos: "¡Grita con toda tu fuerza, no te reprimas! Alza tu voz como trompeta. Denúnciale a mi pueblo sus rebeldías; sus pecados, a los descendientes de Jacob". — Isaías 58.1 (NVI). Tenemos que ganar la atención del pueblo. A menos que se haga esto, todo esfuerzo es inútil. Aunque un ángel bajara del cielo y les hablara, estas palabras serían tan inefectivas como si se hablarán en el oído frío de los muertos. La iglesia debe levantarse a la acción. El Espíritu de Dios nunca puede entrar hasta que la iglesia prepare el camino. Debe haber un escudriñamiento ferviente del corazón. Debe haber oración perseverante, unida, reclamando las promesas de Dios. Debe haber, no una vestimenta de cilicio como en tiempos antiguos, pero una humillación profunda del alma. No tenemos ninguna razón para felicitarnos o exaltarnos. Debiéramos humillarnos bajo la mano poderosa de Dios, y Él consolará y bendecirá a los verdaderos seguidores.]

[El trabajo está delante, ¿lo haremos? Tenemos que trabajar rápidamente y hacia adelante. Debemos prepararnos para el gran día del Señor. No tenemos tiempo que perder. No tenemos tiempo para involucrarnos en propósitos egoístas. Hay que amonestar al mundo. ¿Qué estamos haciendo como individuos para llevar la luz a otros? Dios nos ha encomendado su tarea y cada uno tiene su parte que hacer. No podemos descuidar este trabajo sin poner nuestras almas en peligro.]

[¿Mis hermanos, afligirán al Espíritu Santo y causarán su partida? ¿Rechazarán al bendito Salvador porque no están preparados para su presencia? ¿Dejarán que las almas se pierdan sin el conocimiento de la verdad, porque amas la comodidad tanto que no puedes llevar la carga que Jesús llevó por ti? Despertemos del sueño. "Practiquen el dominio propio y manténganse alerta. Su enemigo el diablo ronda como león rugiente, buscando a quién devorar". 1 Pedro 5.8 (NVI).] *Review and Herald,* marzo 22, 1887.

El llamado para un reavivamiento y reformación espiritual

"Sin embargo, tengo en tu contra que has abandonado tu primer amor. ¡Recuerda de dónde has caído! Arrepiéntete y vuelve a practicar las obras que hacías al principio. Si no te arrepientes, iré y quitaré de su lugar tu candelabro". Apocalipsis 2.4, 5 (NVI).

[Fui encargada a decir que estas palabras se aplican a la Iglesia Adventista del Séptimo Día en su condición presente. El amor de Dios se ha perdido, y esto quiere decir la ausencia del amor del uno para el otro. El yo, es estimado, y lucha por la supremacía. ¿Cuánto más continuará? A menos que haya una reconversión, pronto habrá tan poca santidad, que la iglesia será representada por un árbol de higos seco. La iglesia ha recibido gran luz. Ha tenido muchas oportunidades para dar frutos. Pero el egoísmo ha entrado, y Dios dice: "Si no te arrepientes, iré y quitaré de su lugar tu candelabro".]

[Jesús miró al árbol de higos, seco y pretencioso, y con triste desgano pronunció las palabras de condena. Bajo la maldición de un Dios ofendido, el árbol de higos se marchitó. Que Dios ayude a su pueblo para aplicar esta lección mientras todavía hay tiempo.]

[Justamente antes de su ascensión, Cristo le dijo a sus discípulos: "Se me ha dado toda autoridad en el cielo y en la tierra. Por tanto, vayan y hagan discípulos de todas las naciones, bautizándolos en el nombre del Padre y del Hijo y del Espíritu Santo, enseñándoles a obedecer todo lo que les he mandado a ustedes. Y les aseguro que estaré con ustedes siempre, hasta el fin del mundo". Mateo 28.18-20 (NVI). El egoísmo impide que ellos reciban estas palabras en su sentido solemne.]

Cristo nuestra justicia

[En muchos corazones casi ni existe un aliento de vida espiritual. Esto me da mucha tristeza. Temo que una guerra agresiva en contra del mundo, la carne, y el diablo no se ha mantenido. ¿Seguiremos embullando al espíritu egoísta del mundo con un cristianismo medio muerto, compartiendo sus maldades y sonriendo a sus engaños? ¡No! Por la gracia de Dios nos mantendremos firmes a los principios de la verdad, sosteniendo firmes nuestra confianza hasta el fin. No debemos ser perezosos en los negocios, pero fervientes en espíritu, sirviendo al Señor. Él es nuestro maestro, el Cristo. Debemos contemplar a Él. De Él recibimos nuestra sabiduría. Por su gracia preservamos nuestra integridad, presentándonos ante Dios con humildad y contrición, representándole al mundo.]

[Los sermones están en gran demanda en nuestras iglesias. Los miembros dependen en la elocuencia del púlpito en lugar del Espíritu Santo. Los dones espirituales se han quedado sin pedir y sin usar, y han disminuido hasta debilitarse. Si los pastores salieran a campos nuevos, los miembros estarían obligados a llevar responsabilidades, y sus habilidades aumentarían.]

[Dios acusa a los pastores y al pueblo gravemente por su debilidad espiritual, diciendo, "Conozco tus obras; sé que no eres ni frío ni caliente. ¡Ojalá fueras lo uno o lo otro! Por tanto, como no eres ni frío ni caliente, sino tibio, estoy por vomitarte de mi boca. Dices: "Soy rico; me he enriquecido y no me hace falta nada"; pero no te das cuenta de cuán infeliz y miserable, pobre, ciego y desnudo eres tú. Por eso te aconsejo que de mí compres oro refinado por el fuego, para que te hagas rico; ropas blancas para que te vistas y cubras tu vergonzosa desnudez; y colirio para que te lo pongas en los ojos y recobres la vista".] Apocalipsis 3.15-18 (NVI).

[Dios llama a un reavivamiento y reforma espiritual. Si esto no ocurre, aquellos que son tibios continuarán siendo más aborrecibles al Señor, hasta que Él rehusará reconocerlos como sus hijos.]

[Un reavivamiento y una reforma tienen que ocurrir bajo el ministerio del Espíritu Santo. El reavivamiento y la reforma son dos cosas diferentes. Reavivamiento significa el renuevo de la vida espiritual, un aligeramiento de los poderes de la mente y el corazón, una resurrección de la muerte espiritual. La reforma significa una reorganización, un cambio de ideas y teorías, hábitos y prácticas. La reforma no traerá buenos frutos de justicia si no está conectada con el reavivamiento del Espíritu. El reavivamiento y la reforma tienen su trabajo particular y en este trabajo deben ser combinados.]

"Ustedes no son sus propios dueños; fueron comprados por un precio. Por tanto, honren con su cuerpo a Dios". 1 Corintios 6.19, 20 (NVI). "Hagan brillar su luz delante de todos, para que ellos puedan ver las buenas obras de ustedes y alaben al Padre que está en el cielo." Mateo 5.16 (NVI). Cristo dio su vida para una raza caída, dejándonos un ejemplo que debemos seguir en sus pisadas. El que haga esto oirá las palabras de aprobación: "¡Hiciste bien, siervo bueno y fiel!… ¡Ven a compartir la felicidad de tu señor"! Mateo 25.21 (NVI).

APÉNDICE

[La palabra de Dios nunca queda inactiva. Aumenta la utilidad del hombre guiando sus actividades en la dirección correcta. El Señor nunca deja al hombre sin un objeto a perseguir. Dios pone delante de él una herencia inmortal, y le da una verdad que ennoblece, para que pueda avanzar seguro, persiguiendo aquello que vale la consagración de sus mayores habilidades, -una corona de vida eterna.]

[El hombre aumentará en poder mientras siga adelante para conocer al Señor. Mientras se empeña en alcanzar la norma más alta, la Biblia es la luz que guía sus pisadas hacia su hogar. En esa palabra encuentra que él es el heredero con Cristo del tesoro eterno. El manual le apunta hacia los tesoros escondidos del cielo. Procediendo a conocer al Señor se está asegurando un gozo sin fin. Día tras día la paz de Dios es su recompensa, y por fe ve un hogar donde el sol siempre brilla, libre de toda tristeza y desengaños. Dios dirige sus pisadas, y no le permite caer.]

[Dios ama su iglesia. Hay cizaña mezclada con el trigo, pero Dios conoce los suyos. "Sin embargo, tienes en Sardis a unos cuantos que no se han manchado la ropa. Ellos, por ser dignos, andarán conmigo vestidos de blanco. El que salga vencedor se vestirá de blanco. Jamás borraré su nombre del libro de la vida, sino que reconoceré su nombre delante de mi Padre y delante de sus ángeles. El que tenga oídos, que oiga lo que el Espíritu dice a las iglesias".] Apocalipsis 3.4-6 (NVI).

[¿Tendrá el consejo de Cristo un efecto en las iglesias? ¿Por qué se detienen entre dos opiniones, ustedes que conocen la verdad? "Si el Dios verdadero es el Señor, deben seguirlo; pero si es Baal, síganlo a él". 1 Reyes 18.21 (NVI). Los seguidores de Cristo no tienen derecho de quedarse neutrales. Hay más esperanza para un enemigo que para uno que es neutral.]

[La iglesia puede responder a las palabras del profeta: "¡Levántate y resplandece, que tu luz ha llegado! ¡La gloria del Señor brilla sobre ti! Mira, las tinieblas cubren la tierra, y una densa oscuridad se cierne sobre los pueblos. Pero la aurora del Señor brillará sobre ti; ¡sobre ti se manifestará su gloria"! Isaías 60.1, 2 (NVI).]

[El pueblo de Dios ha perdido su primer amor. Ahora, arrepentíos y avanzad firmemente en la senda de santidad. Los propósitos de Dios alcanzan a cada fase de la vida. Son inmutables, eternos; y en el tiempo propicio serán ejecutados. Por un tiempo parecería que Satanás tiene todo el poder en sus manos; pero nuestra confianza está en Dios. Cuando nos acercamos a Él, Él se acerca a nosotros, y trabaja con gran poder para cumplir sus propósitos de gracia.]

[Dios reprende a su pueblo por sus pecados, para que se humillen, y busquen su rostro. A medida que se reforman, su amor revive en sus corazones, sus respuestas amantes llegarán a sus pedidos. Él los fortalecerá en la reforma, levantando una norma en contra del enemigo. Sus ricas bendiciones descansarán sobre ellos, y con rayos brillantes reflejarán la luz del cielo. Entonces una multitud que no son de su fe, viendo que Dios está con su pueblo, se unirá con ellos en servir al Redentor.] *Review and Herald,* febrero 25, 1902.

Un movimiento de reforma

"Dios llama a los que estén dispuestos a ser dirigidos por el Espíritu Santo para que emprendan una obra de reforma total. Veo que se avecina una crisis, y el Señor pide que sus obreros estrechen filas. Toda alma debe estar ahora en una actitud de consagración a Dios más profunda y verdadera que durante los años pasados". . . .*Testimonios para los ministros,* página 514.3.

"Me he sentido profundamente impresionada por las escenas que recientemente han pasado ante mí en horas de la noche. Parecía que un gran movimiento—un reavivamiento—se producía en muchos lugares. Nuestros hermanos estrechaban filas en respuesta al llamado de Dios. Hermanos míos, el Señor está hablando. ¿No escucharemos su voz? ¿No prepararemos nuestras lámparas y actuaremos como gente que espera que su Señor venga? El tiempo exige que seamos portaluces; exige acción". *Testimonios para los ministros,* página 515.1.

"Ha llegado la hora de hacer una reforma completa. Cuando ella principie, el espíritu de oración animará a cada creyente, y el espíritu de discordia y de revolución será desterrado de la iglesia. Aquellos que no hayan vivido en comunión con Cristo se acercarán unos a otros. Un miembro que trabaje en una buena dirección invitará a otros miembros a unirse a él para pedir la revelación del Espíritu Santo. No habrá confusión, porque todos estarán en armonía con el pensamiento del Espíritu. Las barreras que separan a los creyentes serán derribadas, y todos los siervos de Dios dirán las mismas cosas. El Señor trabajará con sus siervos. Todos pronunciarán de una manera inteligente la oración que Cristo les ha enseñado: «Venga tu reino. Hágase tu voluntad, como en el cielo, así también en la tierra". Mateo 6.10»". *Testimonios para la iglesia,* página 262.1.

"En visiones de la noche pasó delante de mí un gran movimiento de reforma en el seno del pueblo de Dios. Los enfermos eran sanados y se efectuaban otros milagros. Se advertía un espíritu de oración como lo hubo antes del gran día de Pentecostés. Veía a centenares y miles de personas visitando las familias y explicándoles la Palabra de Dios. Los corazones eran convencidos por el poder del Espíritu Santo, y se manifestaba un espíritu de sincera conversión. En todas partes las puertas se abrían de par en par para la proclamación de la verdad. El mundo parecía iluminado por la influencia divina. Los verdaderos y sinceros hijos de Dios recibían grandes bendiciones. Oí las alabanzas y las acciones de gracias: parecía una reforma análoga a la del año 1844". *Testimonios para la iglesia,* página 102.5.

APÉNDICE

Los peligros y privilegios de los últimos días

[Para la iglesia temprana la esperanza de la venida de Cristo era una esperanza bendita, y fueron representados por el apóstol como esperando la amable aparición celestial del Hijo. Mientras esta esperanza era apreciada por los seguidores de Cristo, ellos eran una luz para el mundo. Pero no era el plan de Satanás que ellos fuesen una luz para el mundo... Satanás estaba trabajando para causar una apostasía en la primera iglesia temprana. En el cumplimiento de su propósito, ciertas doctrinas fueron introducidas en la iglesia que eran como una levadura de incredulidad en Cristo y su venida. El adversario de Dios, y el hombre, echó una sombra maligna sobre la senda de los creyentes y oscureció la estrella de esperanza, y hasta la fe en la apariencia gloriosa del gran Dios, y nuestro Salvador Jesucristo.]

[La esperanza que había sido tan preciosa para ellos perdió su atracción. Los engaños sutiles de Satanás apagaron casi totalmente la luz de la salvación por los méritos de un Salvador crucificado y resucitado. Los hombres buscaban la expiación por medio de sus propias obras, ayunos, penitencias, y por el pago de dinero a la iglesia. Era más agradable para el corazón natural buscar así la justificación que lograrla por el arrepentimiento y la fe, y por medio de la creencia y la obediencia a la verdad.]

[Durante la época de apostasía, la oscuridad cubrió la tierra y a la gente. La reforma despertó a los habitantes de la tierra de su sueño moribundo, y muchos rechazaron a sus vanidades, supersticiones, sacerdotes y penitencias, para servir el Dios viviente, y buscar la verdad en las Sagradas Escrituras como si fuera un tesoro escondido. Empezaron a trabajar con diligencia para extraer la verdad, y desechar los desperdicios de la opinión humana que habían enterrado a las joyas preciosas de luz. Tan pronto empezó la obra de reforma, Satanás trató con aún más empeño de envolver las mentes de los hombres con superstición y error...]

[Lo que Satanás guio a los hombres a hacer en el pasado, los guiará hacer otra vez, si es posible. El enemigo de Dios y de los hombres engañó a la primera Iglesia, y la apostasía entró en las filas de aquellos que profesaban amar a Dios. Hoy, a menos que el pueblo de Dios despierte de su sueño, será inconscientemente apoderado, por los hechizos de Satanás. Entre aquellos que profesan creer en la pronta venida del Salvador, cuántos se han deslizado, cuántos han perdido su primer amor, y se encuentran bajo la descripción escrita sobre la iglesia de Laodicea, que es, "ni frío ni caliente". Satanás hará todo lo posible para mantenerlos en un estado de indiferencia y estupor. Que el Señor revele a su pueblo los peligros delante de ellos, y los despierte de su sueño espiritual, para que preparen sus lámparas y se encuentren esperando al novio cuando Él regrese de la boda.]

[Los días en que vivimos están llenos de eventos y peligros. Las señales de la venida del fin están aumentando por derredor, y los eventos que han de venir serán de un carácter más terrible que el mundo jamás ha visto...]

[Todos los que profesan creer en la segunda venida del Señor, debieran escudriñar las Escrituras como nunca antes. Satanás está decidido a usar cualquier estratagema posible para mantener a las almas en la oscuridad, y cegar la mente de los tiempos peligrosos en los cuales vivimos. Cada creyente debe tomar su Biblia con oración ferviente, para que el Espíritu Santo ilumine la verdad, y pueda conocer mejor a Dios y a Jesucristo a quien Él nos envió. Busque la verdad como tesoros escondidos, y frustre al enemigo.]

[El tiempo de prueba está por llegar, pues el fuerte pregón del tercer ángel ya empezó en la revelación de la justicia de Cristo, el Redentor y perdonador de pecados. Este es el principio de la luz del ángel cuya gloria llenará la tierra entera.]

[Cada persona que ha recibido el mensaje de amonestación tiene el deber de levantar a Jesús, presentarlo al mundo como se reveló en tipos y símbolos, como fue manifestado por los profetas, como se ha descubierto en las lecciones que recibieron los discípulos, y en los milagros asombrosos hechos para los hijos de los hombres. Escudriñad las Escrituras porque ellas dan testimonio de Él.]

[Si quieres permanecer firme durante el tiempo de prueba, tienes que conocer a Cristo, y apropiarte del don de su justicia, el cual Él imputa al pecador contrito. La sabiduría humana no servirá para formar un plan de salvación. La filosofía humana es vana, y los frutos de los poderes más altos del hombre no tienen validez, aparte del gran plan del Maestro divino. Ninguna gloria se otorga al hombre. Toda ayuda y gloria humana yace en el polvo, porque la verdad que mora en Jesús es el único medio por el cual el hombre puede ser salvo. El hombre tiene el privilegio de conectarse con Cristo, entonces lo humano y lo divino se unen. Solamente en esta unión existe la esperanza del hombre. Cuando el Espíritu de Dios toca el alma, los poderes del alma se despiertan y el hombre llega a ser una criatura nueva en Cristo Jesús...]

[El tema que atrae el corazón del pecador es Cristo y Él crucificado. En la cruz del calvario Jesús se revela al mundo con amor sin igual. Preséntalo así a las multitudes hambrientas y la luz de su amor ganará a los hombres de la oscuridad a la luz, de la transgresión a la obediencia y santidad verdadera. Contemplando a Jesús en la cruz del calvario despierta la conciencia al carácter atroz del pecado, como ninguna otra cosa lo puede hacer. Fue el pecado lo que causó la muerte del hijo amado de Dios, y el pecado es la transgresión de la ley. Sobre Él cayó la iniquidad de todos nosotros. El pecador luego reconoce que la ley es buena pues reconoce que ésta condena sus maldades. Reconoce que la ley magnifica el amor de Dios al proveer la salvación por medio de la justicia imputada de Aquel que no cometió pecado, ni se encontró mentira en su boca.]

[La verdad es eficiente y por medio de la obediencia su poder cambia la mente a la imagen de Jesús. La verdad, como existe en Jesús, es lo que despierta la conciencia y

APÉNDICE

transforma la mente. El Espíritu Santo acompaña la verdad al corazón. Hay muchos que faltos de discernimiento espiritual, toman la palabra, sin el acompañamiento del Espíritu de Dios, y encuentran que no despierta el alma, y no santifica el corazón. Uno puede citar del Antiguo y Nuevo Testamentos, conocer bien los mandatos y promesas de la Palabra de Dios, pero si el Espíritu Santo no transmite la verdad al corazón, e ilumina la mente con luz divina, ningún alma cae sobre la Roca y es quebrada. Es la agencia divina que conecta el alma con Dios. Sin la iluminación del Espíritu de Dios, no podemos discernir entre la verdad y el error, y caeremos bajo las tentaciones y los engaños que Satanás traerá al mundo.]

[Estamos cerca del fin del conflicto entre el príncipe de luz y el príncipe de la oscuridad. Pronto los engaños del enemigo probarán nuestra fe. Satanás hará milagros en la presencia de la bestia, y engañará aquellos que moran en la tierra por medio de esos milagros. Aunque el príncipe de las tinieblas trabajará para cubrir la tierra con oscuridad, y con mayor oscuridad al pueblo, el Señor manifestará su poder convertidor…]

[La obra del Espíritu Santo es inmensurablemente grande. Este es el origen del poder y la eficiencia que llega al obrero de Dios. El Espíritu Santo es el consolador, y la presencia personal de Cristo en el alma. El que contempla a Cristo con una fe sencilla, como la de un niño, participa en la naturaleza divina por medio del Espíritu Santo. Cuando el Espíritu Santo guía, el cristiano sabrá que es completo en Él, el cual es la cabeza de todas las cosas. Así como Cristo fue glorificado en el día de Pentecostés, así será glorificado otra vez al final de la obra del evangelio, cuando preparará a su pueblo para soportar la prueba final del último conflicto en la gran controversia…]

[Cuando la tierra esté iluminada con la gloria de Dios, veremos una obra semejante a la que ocurrió cuando los discípulos llenos del Espíritu Santo, proclamaron el poder de un Salvador resucitado. La luz del cielo penetró las mentes oscurecidas de aquellos que habían sido engañados por los enemigos de Cristo, y la representación falsa de Él fue rechazada. Por la eficiencia del Espíritu Santo ahora veían a Cristo exaltado como un príncipe y Salvador, para dar el arrepentimiento a Israel, y la remisión de pecados. Lo vieron rodeado con la gloria del cielo, con tesoros infinitos en sus manos, para otorgar a los que se apartaron de su rebelión. Mientras los apóstoles presentaron la gloria del Hijo unigénito del Padre, los corazones de 3,000 almas se conmovieron, y se vieron a sí mismos como eran, pecadores contaminados, y a Cristo como su Salvador y Redentor. Cristo fue exaltado, Cristo fue glorificado, por medio del poder del Espíritu Santo reposando sobre hombres. Con los ojos de la Fe éstos creyentes vieron al que había sido humillado, torturado, y muerto, para que no perecieran sino tengan vida eterna. Al contemplar su justicia sin mancha, vieron sus propias deformidades y contaminaciones, sintieron el temor divino, con amor y adoración hacia el que dio su vida como sacrificio para ellos. Humillaron sus almas hasta el polvo mismo, y se arrepintieron de sus obras malditas, y glorificaron a Dios por su salvación…]

Cristo nuestra justicia

[La revelación de Cristo por el Espíritu Santo les trajo un reconocimiento de su poder y majestad, y le extendieron sus manos con fe diciendo, "yo creo." Esa fue la lluvia temprana, pero la lluvia tardía será más abundante. El Salvador de los hombres será glorificado, y la tierra será iluminada con los rayos brillantes de su justicia. Él es la fuente de la luz, y la luz de las puertas entreabiertas ilumina al pueblo de Dios para que puedan alzar a Cristo con su carácter glorioso ante los que están en oscuridad.]

[Cristo no ha sido presentado en conexión con la ley como un sumo sacerdote fiel y misericordioso, que fue tentado en todos los puntos como nosotros, pero sin pecado. No ha sido exaltado ante el pecador como el sacrificio divino. Su obra como sacrificio, sustituto, y seguridad, se ha mencionado sólo casualmente y en una forma fría, pero esto es lo que el pecador necesita saber. Es Cristo en su plenitud como un Salvador perdonador, que el pecador necesita ver; porque el sin igual amor de Cristo, por medio de la agencia del Espíritu Santo, traerá convicción y cambio al corazón endurecido.]

[La influencia divina es el sabor de la sal en el cristiano. Muchos presentan las doctrinas y teorías de nuestra fe, pero su presentación es como la sal sin sabor. El Espíritu Santo no está obrando por medio de su ministerio sin fe. No han abierto el corazón para recibir la gracia de Cristo. No conocen la obra del Espíritu. Son como la harina sin levadura; pues no hay valores espirituales en su labor, y fracasan en salvar almas para Cristo. No se apropian de la justicia de Cristo; es una vestidura que no usan, una plenitud desconocida, una fuente sin tocar.]

[¡Cómo quisiéramos que la obra expiatoria de Cristo se estudiara cuidadosamente! Cómo quisiéramos que todos estudiaran cuidadosamente y con oración, la palabra de Dios, no para discutir puntos de doctrina, pero para que como almas hambrientas puedan ser llenadas, como los sedientos se refrescan en la fuente de vida. Cuando escudriñamos las Escrituras con corazones humildes, sintiendo nuestra debilidad e indignidad, Jesús se revela a nuestras almas con toda su validez.]

[Cuando seamos participantes de la naturaleza divina, veremos con repugnancia a toda la exaltación propia. Todo lo que hemos estimado como sabiduría, parecerá escoria y desperdicio. Aquellos que se han educado como debatientes, y se creen hombres agudos y listos verán su obra con tristeza y vergüenza, sabiendo que su ofrenda ha sido sin valor como la de Caín, porque está despojada de la justicia de Cristo.]

[¡Si como pueblo, tan solo humillaríamos nuestros corazones delante de Dios, y le suplicáramos por el don del Espíritu Santo! Si nos allegáramos al Señor con humildad y contrición del alma, Él respondería a nuestras peticiones. Él dice que desea darnos el Espíritu Santo más de lo que los padres desean dar regalos buenos a sus hijos. Entonces Cristo sería glorificado, y en Él podríamos discernir la plenitud de la deidad corporalmente. Como Cristo dijo del consolador: "Él me glorificará porque tomará de lo mío y se lo dará a conocer a ustedes". Juan 16.14 (NVI). Ésto es lo más esencial para nosotros, porque: "esta es la vida eterna: que te conozcan a ti, el único Dios ver-

APÉNDICE

dadero, y a Jesucristo, a quien tú has enviado". Juan 17.3 (NVI).] *Review and Herald*, noviembre 22 y 29, 1892.

Cristo nuestra justicia

Índice de Versículos Bíblicos

Génesis 6.9 17
Génesis 7.1 17
1 Reyes 18.21 105
Salmo 11.7 .... 14, 15
Salmo 36.6 15
Salmo 92.15 15
Salmo 119.142 15
Salmo 145.17 15
Isaias 58.1 102
Isaias 60.1, 2 106
Daniel 8.7 15
Zacarias 4.6 .... 33, 101
Mateo 5.16 105
Mateo 6.10 107
Mateo 12.45 99
Mateo 23.55 17
Mateo 24.12 31
Mateo 25.21 105
Mateo 28.18-20 104
Lucas 1.6 17
Juan 15.5 36
Juan 16.14 111
Juan 16.33 15
Juan 17.3 111
Romanos 1.16, 17 .... 18, 56
Romanos 1.29 16
Romanos 3.10 16
Romanos 3 18
Romanos 3.20-22 18
Romanos 3.21, 22 20
Romanos 3.23 16
Romanos 3.24, 25 21
Romanos 3.25 18
Romanos 4.1 19
Romanos 4.2 19
Romanos 4.3 .... 17, 19
Romanos 4.5 19
Romanos 4.6 19
Romanos 4.9 19
Romanos 4.21-25 20

Romanos 5.1 .... 21, 55, 87
Romanos 5.1-5 57
Romanos 5.12-21 15
Romanos 6.22 17
Romanos 7.14 16
Romanos 7.18 16
Romanos 9.30 22
Romanos 9.31, 32 22
Romanos 10.3, 4 22
Romanos 10.8-10 22
1 Corintios 6.19, 20 105
1 Corintios 15.22 15
1 Corintios 15.34 14
Gálatas 2.20 66
Efesios 4.22-24 16
Filipenses 2.3 78
Filipenses 2.8 37
Filipenses 2.13 81
Colosentes 1.14-16 15
1 Timoteo 6.11 16
Tito 3.5, 6 96
Hebreos 1.9 16
Santiago 2.7...................................23
1 Pedro 5.8 103
2 Pedro 1.7, 8 17
2 Pedro 2.7, 8 17
1 Juan 5.17 16
Apocalipsis 2.4, 5 103
Apocalipsis 3.2 75
Apocalipsis 3.4-6 105
Apocalipsis 3.15-18 104
Apocalipsis 3.18 6
Apocalipsis 3.20 6
Apocalipsis 14 55
Apocalipsis 14.6 55
Apocalipsis 14.7 55
Apocalipsis 14.12 55
Apocalipsis 18.1, 2 49

Índice temático

A
Abel 17
Abrahán 17, 19, 20, 68
Adán 15, 16, 17, 74, 78
Advenimiento – segundo 39
Adversario de almas...................100
Adversario de Dios 107
Adversario, el diablo 101
Agitación 61
Amor - primer perdido 98, 105, 107
Amor - sin paralelo 51, 75
Asociación Ministerial 8
Autoridad bíblica 8
Ayuno 71, 107

B
Baal 105
Biblia 8, 16, 17, 105, 108

C
Caín 110
Calvario 18, 35, 46, 51, 66, 75,
.................................77, 78, 108
Camino verdadero 34, 35
Carácter – Cristiano 31
Carácter – Dios 23, 30, 35, 43,
.... 92, 110
Carácter – inmutable 35
Carácter – pecado 51, 75, 91, 108
Carácter .. 23, 30, 31, 35, 40, 43, 48,
......50, 51, 55, 67, 68, 69, 70, 75, 79,
......81, 84, 85, 90, 91, 92, 94, 96, 98,
..................................101, 108, 110
Ceguedad espiritual ...45, 46, 92, 98
Cielo 9, 22, 32, 33, 35-37, 42,
..............44-46, 49, 50, 55, 56, 71, 75,
.... 77-80, 84, 85, 92, 101-106, 109
Comerciante –celestial 6, 92
Comisión- gran 35, 47, 103
Compasión 10, 19, 80, 85
Conferencia General 27, 39, 41
Conflicto 12, 16, 21, 39, 44, 97, 109
Confortado 15, 51, 109, 110
Confundido 44
Consagración 35, 105, 106
Contemplar 35, 91, 94, 109
Convicción 9, 27, 28, 35, 40, 48,
....................................51, 55, 68 110
Corazón 8, 10, 11, 21, 22, 30, 31,
..33-38, 40-42, 45, 46, 51, 57, 64-70,
.........73-76, 79-81, 83-87, 91-94, 96,
..................................99-102, 104-110
Corona 12, 81, 105
Creación 15, 66
Creencia – intelectual 67
Creer – en Dios 64, 67, 87
Creer – en la verdad 67, 68
Crisis 30, 106
Cristo – compañerismo con 65,
....84, 85
Cristo – confortador 15
Cristo – coronación de 12, 81
Cristo – obra mediación . 18, 19, 20
Cristo – poder con ...15, 18, 19, 22,
.... 32, 33, 34, 35, 41, 46, 50, 51,
.... 55, 56, 66, 67, 68, 69, 73, 75,
...........77, 79, 80, 84, 85, 87, 91-97,
.... 99, 101, 108-110
Cristo – Salvador 15, 18, 45, 51,
.... 52, 55, 56, 68, 69, 75, 84, 85,
...................94, 96, 98, 107, 109, 110
Cristo – sangre de 18, 34
Cristo – sangre expiatoria de 110
Cristo – unión con 33, 34, 57,
....66, 106
Cristo – vida-dador 15
Cristo – viña viviente 33, 57, 65, 66,
.... 73, 93, 107
Criticar 43, 45
Crucificar 68

Índice temático

Cruz 18, 35, 37, 41, 51, 62, 63,
................66, 68, 75, 77, 78, 91, 108
Cuerpo 66, 96, 101, 102, 104
Culpa – cancelada 18, 56

D
Daniells, A.G. 8
Deber 35, 37, 44, 46, 53, 69-71,
..............................75, 86, 97, 102
Debilidad espiritual 104
Des Moines 8
Desviando 9, 36
Devoción 35, 39, 43
Dios – ayuda ofrecida 30
Dios – carácter 23, 30, 31, 35,
..................43, 68, 69, 70, 85, 92, 110
Dios – maldición de 37, 103
Dios – nombre venerado 22
Dios – ofendido 103
Dios – paciencia 18, 21
Dios – paz con 21, 55, 57, 65, 87
Dios – plenitud de 20, 40, 51,
..............................66, 74, 79, 110
Dios – voluntad ....de 34, 68, 87, 93
Dogma 34, 68
Dones espirituales 104

E
Elizabet 17
Embarcadero 36
Enseñanza – nueva 39
Entusiasmo 41
Época 20, 55, 107
Esdras 33
Esperanza 4, 10, 22, 27, 32, 33,
.... 35, 40, 41, 57, 68, 77 78, 85,
..................................105, 107, 108
Espíritu de Profecía .5, 8, 9, 25, 27,
...... 30, 32, 40, 48-50, 61-63, 65, 66,
.... 72, 76, 85
Estupor 98, 107
Evangelio ...9, 17, 18, 21, 28, 34-37,
...... 39, 41, 55, 56, 61-63, 65-67, 73,
..................................78, 94, 97, 109

Exhortación 44
Experiencia – viviente 21, 57, 67, 73
Expiación, día de 18, 21, 56, 62, 78,
..............................97, 101, 102, 107
Explicación 9, 49
Fariseo 68, 93, 95

F
Fe – genuino 78
Fe – justicia por la ...5, 8, 10, 18-22,
..27-30, 32, 34-36, 38-41, 44, 46-48,
..54-56, 61-66, 68, 72-75, 78-80, 83,
..............................85, 87, 95, 96, 98
Fe – justificación por . 8, 10, 18, 22,
.... 27-30, 32, 34, 38-41, 44, 46-48,
.... 54-56, 61-65, 72-74, 83
Fe – justos por 39
Fe – tomado en cuenta 19
Fe – virtud en 83, 85, 86
Fieles 12, 42, 49, 55, 81
Findlay, G.G. 66
Formalismo – desviando hacia .. 31
Formalismo 31, 32, 57, 65-67,
....71, 93
Formas – externas 31, 70, 75, 93
Fracaso 21, 22, 73, 74, 96

G
Gentiles 17, 22
Gilboa 43, 71
Gloria – inmortal 12, 81
Gracia – aceite de 70, 92
Gracia 18, 20, 23, 41, 55-57, 64-68,
.... 70 71, 76, 80, 84, 85, 87, 92-94,
.... 96, 99, 101, 102, 104, 105, 106,
.... 110
Grito – a alta voz 49, 51, 52

H
Hechos 20, 35, 55, 56, 61, 78, 87,
....102, 105
Hombre – mortal 26

I
Ídolos 34, 65, 99
Iglesia – abatida 33

Índice temático

Iglesia – Laodicea 41, 98, 107
Iglesia 8, 9, 12, 26, 27, 29-35, 37,
...... 41, 42, 45-47, 49, 50, 62, 65, 66,
...... 68-72, 74, 75, 81, 93, 95, 97-107
Iglesia remanente 8, 9, 30, 39,
.... 50, 97
Iniquidad 16, 21, 32, 65, 98,
.... 100, 108
Instrucción 9, 30, 32, 33, 36, 37, 48,
.... 61, 62, 65, 69, 87
Iowa 8

J

Jacob 42, 45, 102
Jeremías 30
Jesús - naturaleza – pura 37
Jesús - puerta a puerta 6
Jesús – comandante de ángeles .. 37
Jesús – fe de 56, 57, 100
Jesús – humildad 36, 37, 47, 93,
.... 104, 110
Jesús – iniquidad – odiado 16
Jesús – mansedumbre 36, 37
Jesús – muchos perdieron la vista de
.... 27
Jesús – muerte- asombro del universo
.... 15, 20, 35, 37, 104
Jesús – naturaleza – exaltada 37
Jesús – naturaleza – santa 78-80,
.... 109, 110
Jesús – redentor ... 6, 15, 21, 35, 42,
...... 48, 51, 52, 56, 62, 63, 65, 81, 91,
.... 92, 97, 105, 108, 109
Jesús – sacrificio 18, 21, 28, 35, 41,
...... 51, 62, 71, 77-79, 84, 91, 96, 97,
.... 109, 110
Jesús – tocando 36
Jóvenes – vírgenes 16, 107
Joyas de la Verdad 8
Judá – reino de 30
Justicia - bendiciones de 17
Justicia - camino de 8, 19, 21

Justicia - como las montañas grandes
.... 15
Justicia - despierte a 14, 16
Justicia - en todos sus caminos ......
.... 15, 19
Justicia - exalte su 43
Justicia - naturaleza de 15
Justicia - obtenida por 15, 17
Justicia - origen de 15, 16
Justicia - relación personal de 16
Justicia - trapos sucios 42, 84, 98
Justicia - vestidura de Cristo 26
Justicia – eterna 15
Justicia – imputada 9, 21
Justicia 3, 4, 5, 8, 9, 12, 14-23,
... 26-28, 33-37, 40-48, 50-52, 54-56,
.... 61-68, 70-84, 86-88, 91-99, 104,
.... 108-110
Justicia de Cristo - imputada .. 9, 21,
.... 33, 34, 51, 68, 72, 79, 86, 108
Justicia de Cristo – perla 64, 86, 87
Justicia por la fe - es regeneración
.... 22
Justicia por la fe - no es teoría ....
.... 22, 64
Justicia por la fe - una experiencia .
.... 22, 57, 64, 65, 67
Justicia por la fe – renacimiento . 22
Justicia por la fe- es una transacción
.... 17, 18, 20-22, 73, 86, 87
Justificación por la fe . 8, 10, 18, 22,
.... 27-30, 32, 34, 38-41, 44, 46-48,
.... 54-56, 61-65, 72-74, 83
Justificado 17-22, 55, 57, 65, 78, 79,
.... 83, 87

L

Laodicea 41, 98, 107
Lección 9, 56, 63, 67, 70, 85,
.... 103, 108
Levadura 66, 107, 110
Ley - condenación de 20, 22, 57

Índice temático

Ley - demandas de 20, 21, 78, 96, 97
Ley - maldición de 78
Ley - obras de 78, 79
Ley – aceptada 18
Ley 18, 20-22, 33, 35-37, 42-44, 51, 54, 55, 57, 62, 68, 74, 77-79, 81, 84, ... 92, 95-97, 108, 110
Lluvia – temprana 52, 110
Lluvia –tardía 50, 52, 110
Lot 17
Lutero, Martin 74
Luz – preciosa 41, 75
Luz – rechazar 45, 46

M

Manifestaciones – importantes .. 52
Mensaje - del tercer Ángel - en verdad 42, 54-56, 86
Mensaje - del tercer Ángel – obra - almas limpiadas 27, 28, 50
Mensaje - del tercer Ángel ....27-29, ... 45, 48, 49, 50, 52, 54-57, 61, ... 72, 73, 75, 97
Mensaje -del tercer Ángel - con alta voz 27-29, 42, 51
Mensaje – asombroso 35
Mensaje – despertador 27
Mensaje – precioso 27, 41
Mensaje – preparatorio .. 30, 36, 72
Mente – oscura 20
Méritos ....21, 27, 28, 43, 68, 77, 83, ... 85-87, 96, 107
Mineápolis .9, 27, 29, 30, 36, 39-41, ... 48, 52, 54, 61
Moisés - ley de 33
Monte de los Olivos 31
Movimiento – reformatorio 106
Muerte espiritual 97, 108

N

Nada - el hombre 83
Naturaleza – humana ....9, 16, 34, ... 36, 78, 80, 84
Naturaleza divina 9, 78-80, 109, 110

Necesidad - más grande y más urgente 32
Noé 17
Nuevo Testamento 17, 109

O

Obediencia – perfecta 21, 85-87, 96
Obligación 8
Opiniones - diferentes entre líderes 39
Oposición – decidida 39
Oración - del Señor 22
Ortodoxia – verdadera 66

P

Pablo 17-19, 21, 22, 32, 56, 66
Palabra de Dios 5, 8, 15, 16, 31, 41, ... 63, 99, 105, 106, 109, 110
Parálisis espiritual 97
Pastor 27, 36, 106
Pecado - conocimiento de 18
Pecado - justicia el opuesto de 16, 65
Pecado - rechazo de 65
Pecado - remisión de 18, 21, 109
Pecado - salvación de 18, 41, 55, 84
Pecado - sin gusto por 81, 83
Pecador - sin esperanza ...19, 84, 85
Peligro ......10, 30-32, 35, 46, 50, 52, ... 57, 65, 66, 68, 70, 97, 98, 103, ... 107, 108
Pentecostés 106, 109
Perdición 81
Perdón .... 11, 18, 21, 35, 48, 51, 52, ... 55, 56, 77-79, 83-85, 88, 91, 95, ... 96, 108, 110
Perplejidad 54, 61
Pierson 60, 63
Pobreza – alma 73, 94
Poder . 15, 18, 19, 22, 27, 28, 30-35, ... 40-42, 46, 47, 49-52, 55, 56, 61, ..66-70, 72-73, 75, 77, 79-81, 83-85, ... 87, 91-97, 99-102, 104, 105-110
Poder - en oración 66

Índice temático

Poder - reserva de 77
Poder - sobrenatural para el pecador
.... 47, 73, 80, 84, 85, 87
Poder – derrotado 46, 47
Prominencia - el gran mensaje 27
Propiciación 18, 19
Providencia de Dios 9, 48
Provisión - de Dios 32
Prueba- tiempo de 48, 51, 108
Pureza 35, 79, 91, 93

R

Reavivamiento ... 32, 33, 41, 42, 99,
.... 100, 101, 103, 104, 106
Reconversión 103
Redención 20, 34, 35, 37, 62, 64, 77,
.... 79, 86, 87, 91, 94, 96
Redentor 6, 15, 21, 35, 42, 48,
...... 51, 52, 56, 57, 62, 63, 65, 81, 91,
.... 92, 97, 105, 108, 109
Redimido 12, 63, 82
Religión - profesión de la 32
Religión - sin Cristo 69
Restauración 37, 42, 77, 78, 81
Ruedas entre ruedas 54-56

S

Sal 65, 66, 69, 110
Salvación 18, 20, 35, 41, 46, 47, 50,
...... 55, 56, 70, 71, 74, 76, 78, 83-87,
.... 93, 95, 96, 102, 107-109
Salvador – sacrificio .18, 21, 27, 28,
...... 35, 41, 51, 62, 71, 77-79, 84, 91,
.... 96, 97, 109, 110
Santidad – verdadera 16, 40, 42, 51,
.... 70, 75, 96, 99, 108
Santo Espíritu 99
Santuario 26, 62, 67, 70, 100-102
Sardis 105
Schaff, Dr. Philip 85
Seca espiritual 98
Seguranza - fe en 28
Seguridad - camino de 34

Separación 34, 77
Servicio – religioso 31, 34
Solución 20
Sueño espiritual 98

T

Temor – por dentro y por fuera ....
.... 33, 100
Tentación- hora de 49
Tiempo - temeroso y solemne ....
.... 33, 102
Tiempos - apostólicos 17

U

Ungimiento 41, 47

V

Verdad - escrituras de 40, 76,
.... 95, 102
Verdad – estructura 76
Verdad 8, 15, 18, 21, 28, 32,
.... 35-47, 54-57, 61-65, 67, 68, 70,
.... 72-76, 80, 84, 86, 87, 93, 95, 97,
.... 98, 100, 101, 103-109
Vida - manera anterior 16

W

White, Elena G. 4, 6, 8, 54, 61,
.... 62, 72

Z

Zacarías 17, 33, 101

Made in the USA
Charleston, SC
13 November 2016